大学赤本シリーズ

218

青山学院大学

経営学部－個別学部日程

JN077415

教学社

は　し　が　き

　おかげさまで，大学入試の「赤本」は，今年で創刊70周年を迎えました。
　これまで，入試問題や資料をご提供いただいた大学関係者各位，掲載許
可をいただいた著作権者の皆様，各科目の解答や対策の執筆にあたられた
先生方，そして，赤本を使用してくださったすべての読者の皆様に，厚く
御礼を申し上げます。
　以下に，創刊初期の「赤本」のはしがきを引用します。これからも引き
続き，受験生の目標の達成や，夢の実現を応援してまいります。
　本書を活用して，入試本番では持てる力を存分に発揮されることを心よ
り願っています。

編者しるす

＊　　　＊　　　＊

　学問の塔にあこがれのまなざしをもって，それぞれの志望する大学の門
をたたかんとしている受験生諸君！　人間として生まれてきた私たちは，
自己の欲するままに，美しく，強く，そして何よりも人間らしく生きるこ
とをねがっている。しかし，一朝一夕にして，この純粋なのぞみが達せら
れることはない。私たちの行く手には，絶えずさまざまな試練がまちかま
えている。この試練を克服していくところに，私たちのねがう真に人間的
な世界がはじめて開かれてくるのである。
　人生最初の最大の試練として，諸君の眼前に大学入試がある。この大学
入試は，精神的にも身体的にも，大きな苦痛を感ぜしめるであろう。ある
スポーツに熟達するには，たゆみなき，はげしい練習を積み重ねることが
必要であるように，私たちは，計画的・持続的な努力を払うことによって，
この試練を克服し，次の一歩を踏みだすことができる。厳しい試練を経た
のちに，はじめて満足すべき成果を獲得できるのである。
　本書は最近の入学試験の問題に，それぞれ解答を付し，さらに問題をふ
かく分析することによって，その大学独特の傾向や対策をさぐろうとした。
本書を一般の参考書とあわせて使用し，まとはずれのない，効果的な受験
勉強をされるよう期待したい。

（昭和35年版「赤本」はしがきより）

挑む人の、いちばんの味方

70th

赤本創刊70周年

　1954年に大学入試の過去問題集を刊行してから70年。赤本は大学に入りたいと思う受験生を応援しつづけてきました。これからも，苦しいとき落ち込むときにそばで支える存在でいたいと思います。

　そして，勉強をすること，自分で道を決めること，努力が実ること，これらの喜びを読者の皆さんが感じることができるよう，伴走をつづけます。

そもそも赤本とは…

受験生のための大学入試の過去問題集！

70年の歴史を誇る赤本は，500点を超える刊行点数で全都道府県の370大学以上を網羅しており，過去問の代名詞として受験生の必須アイテムとなっています。

・・・・・・・・・・ なぜ受験に過去問が必要なのか？ ・・・・・・・・・・

大学入試は大学によって問題形式や頻出分野が大きく異なるからです。

記述式？

マーク式？

問題のレベルは？

時間配分は？

自分に足りないのは？

頻出分野は？

どんな対策が必要？

どんな問題が出るの？

みんなの疑問に答える赤本！

赤本で志望校を研究しよう！

赤本の掲載内容

傾向と対策

これまでの出題内容から，問題の「**傾向**」を分析し，来年度の入試に向けて具体的な「**対策**」の方法を紹介しています。

問題編・解答編

- 年度ごとに問題とその解答を掲載しています。
- 「**問題編**」ではその年度の試験概要を確認したうえで，実際に出題された過去問に取り組むことができます。
- 「**解答編**」には高校・予備校の先生方による解答が載っています。

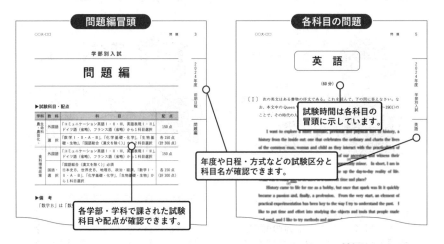

他にも，大学の基本情報や，先輩受験生の合格体験記，在学生からのメッセージなどが載っていることがあります。

2024年度から
見やすい
デザインに！

● 掲載内容について ●

著作権上の理由やその他編集上の都合により問題や解答の一部を割愛している場合があります。なお，指定校推薦入試，社会人入試，編入学試験，帰国生入試などの特別入試，英語以外の外国語科目，商業・工業科目は，原則として掲載しておりません。また試験科目は変更される場合がありますので，あらかじめご了承ください。

受験勉強は

過去問に始まり，

STEP 1
なにはともあれ

まずは解いてみる

しずかに…
今，自分の心と
向き合ってるんだから

ムーン

それは
問題を解いて
からだホン！

過去問は，**できるだけ早いうちに解くのがオススメ！**
実際に解くことで，**出題の傾向，問題のレベル，今の自分の実力が**つかめます。

STEP 2
じっくり具体的に

弱点を分析する

分析の結果だけど
英・数・国が苦手みたい

スリー

必須科目だホン
頑張るホン

間違いは自分の弱点を教えてくれ**る貴重な情報源。**
弱点から自己分析することで，**今の自分に足りない力や苦手な分野**が見えてくるはず！

合格者があかす
赤本の使い方

傾向と対策を熟読
（Fさん／国立大合格）

大学の出題傾向を調べるために，赤本に載っている「傾向と対策」を熟読しました。

繰り返し解く
（Tさん／国立大合格）

1周目は問題のレベル確認，2周目は苦手や頻出分野の確認に，3周目は合格点を目指して，と過去問は繰り返し解くことが大切です。

過去問に終わる。

STEP 3
志望校に
あわせて

苦手分野の重点対策

明日からはみんなで頑張るよ！
参考書も！問題集も！
よろしくね！

呼んだ？

なにを!?
どこから!?

グッ　グッ

参考書や問題集を活用して，苦手分野の**重点対策**をしていきます。**過去問を指針に**，合格へ向けた具体的な学習計画を立てましょう！

STEP 1▶2▶3
サイクル
が大事！

実践を繰り返す

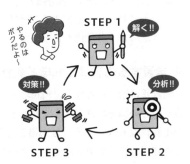

やるのは
ボクだよ～

STEP 1　解く!!

対策!!　　　分析!!

STEP 3　　　　STEP 2

STEP 1～3を繰り返し，実力アップにつなげましょう！**出題形式に慣れることや，時間配分を考えること**も大切です。

目標点を決める
（Yさん／私立大合格）

赤本によっては合格者最低点が載っているので，それを見て目標点を決めるのもよいです。

時間配分を確認
（Kさん／私立大学合格）

赤本は時間配分や解く順番を決めるために使いました。

添削してもらう
（Sさん／私立大学合格）

記述式の問題は先生に添削してもらうことで自分の弱点に気づけると思います。

新課程も赤本で
ばっちり！

新課程入試 Q&A

2022年度から新しい学習指導要領（新課程）での授業が始まり，2025年度の入試は，新課程に基づいて行われる最初の入試となります。ここでは，赤本での新課程入試の対策について，よくある疑問にお答えします。

使える？

Q1. 赤本は新課程入試の対策に使えますか？

A. もちろん使えます！

OK

旧課程入試の過去問が新課程入試の対策に役に立つのか疑問に思う人もいるかもしれませんが，心配することはありません。旧課程入試の過去問が役立つのには次のような理由があります。

● 学習する内容はそれほど変わらない

新課程は旧課程と比べて科目名を中心とした変更はありますが，学習する内容そのものはそれほど大きく変わっていません。また，多くの大学で，既卒生が不利にならないよう「経過措置」がとられます（Q3参照）。したがって，出題内容が大きく変更されることは少ないとみられます。

● 大学ごとに出題の特徴がある

これまでに課程が変わったときも，各大学の出題の特徴は大きく変わらないことがほとんどでした。入試問題は各大学のアドミッション・ポリシーに沿って出題されており，過去問にはその特徴がよく表れています。過去問を研究してその大学に特有の傾向をつかめば，最適な対策をとることができます。

出題の特徴の例	・英作文問題の出題の有無
	・論述問題の出題（字数制限の有無や長さ）
	・計算過程の記述の有無

新課程入試の対策も，赤本で過去問に取り組むところから始めましょう。

Q2. 赤本を使う上での注意点はありますか？

A. 志望大学の入試科目を確認しましょう。

　過去問を解く前に，過去の出題科目（問題編冒頭の表）と2025年度の募集要項とを比べて，課される内容に変更がないかを確認しましょう。ポイントは以下のとおりです。科目名が変わっていても，実際は旧課程の内容とほとんど同様のものもあります。

英語・国語	科目名は変更されているが，実質的には変更なし。 ▶▶ ただし，リスニングや古文・漢文の有無は要確認。
地歴	科目名が変更され，「歴史総合」「地理総合」が新設。 ▶▶ 新設科目の有無に注意。ただし，「経過措置」(Q3参照)により内容は大きく変わらないことも多い。
公民	「現代社会」が廃止され，「公共」が新設。 ▶▶ 「公共」は実質的には「現代社会」と大きく変わらない。
数学	科目が再編され，「数学C」が新設。 ▶▶ 「数学」全体としての内容は大きく変わらないが，出題科目と単元の変更に注意。
理科	科目名も学習内容も大きな変更なし。

　数学については，科目名だけでなく，どの単元が含まれているかも確認が必要です。例えば，出題科目が次のように変わったとします。

旧課程	「数学Ⅰ・数学Ⅱ・数学A・数学B（数列・ベクトル）」
新課程	「数学Ⅰ・数学Ⅱ・数学A・数学B（数列）・数学C（ベクトル）」

　この場合，新課程では「数学C」が増えていますが，単元は「ベクトル」のみのため，実質的には旧課程とほぼ同じであり，過去問をそのまま役立てることができます。

Q3. 「経過措置」とは何ですか？

A. 既卒の旧課程履修者への対応です。

　多くの大学では，既卒の旧課程履修者が不利にならないように，出題において「経過措置」が実施されます。措置の有無や内容は大学によって異なるので，募集要項や大学のウェブサイトなどで確認しておきましょう。

○旧課程履修者への経過措置の例

- ●旧課程履修者にも配慮した出題を行う。
- ●新・旧課程の共通の範囲から出題する。
- ●新課程と旧課程の共通の内容を出題し，共通範囲のみでの出題が困難な場合は，旧課程の範囲からの問題を用意し，選択解答とする。

　例えば，地歴の出題科目が次のように変わったとします。

旧課程	「日本史 B」「世界史 B」から 1 科目選択
新課程	「**歴史総合，日本史探究**」「**歴史総合，世界史探究**」から 1 科目選択※ ※旧課程履修者に不利益が生じることのないように配慮する。

　「歴史総合」は新課程で新設された科目で，旧課程履修者には見慣れないものですが，上記のような経過措置がとられた場合，新課程入試でも旧課程と同様の学習内容で受験することができます。

要チェックだホン

新課程の情報は WEB もチェック！
より詳しい解説が赤本ウェブサイトで見られます。
https://akahon.net/shinkatei/

科目名が変更される教科・科目

	旧 課 程	新 課 程
国語	国語総合 国語表現 現代文A 現代文B 古典A 古典B	現代の国語 言語文化 論理国語 文学国語 国語表現 古典探究
地歴	日本史A 日本史B 世界史A 世界史B 地理A 地理B	歴史総合 日本史探究 世界史探究 地理総合 地理探究
公民	現代社会 倫理 政治・経済	公共 倫理 政治・経済
数学	数学Ⅰ 数学Ⅱ 数学Ⅲ 数学A 数学B 数学活用	数学Ⅰ 数学Ⅱ 数学Ⅲ 数学A 数学B 数学C
外国語	コミュニケーション英語基礎 コミュニケーション英語Ⅰ コミュニケーション英語Ⅱ コミュニケーション英語Ⅲ 英語表現Ⅰ 英語表現Ⅱ 英語会話	英語コミュニケーションⅠ 英語コミュニケーションⅡ 英語コミュニケーションⅢ 論理・表現Ⅰ 論理・表現Ⅱ 論理・表現Ⅲ
情報	社会と情報 情報の科学	情報Ⅰ 情報Ⅱ

大学のサイトも見よう

目　次

大学情報 1

在学生メッセージ 25

傾向と対策 30

2024 年度
問題と解答

●一般選抜（個別学部日程）：経営学部
英　語 .... 5　解答 24

2023 年度
問題と解答

●一般選抜（個別学部日程）：経営学部
英　語 .... 5　解答 24

2022 年度
問題と解答

●一般選抜（個別学部日程）：経営学部
英　語 .... 5　解答 24

2021 年度
問題と解答

●一般選抜（個別学部日程）：経営学部
英　語 .... 5　解答 26

掲載内容についてのお断り

基本情報

🏛 沿革

1874（明治 7）	ドーラ・E・スクーンメーカーが東京麻布に女子小学校を開校。のちに東京築地に移転し海岸女学校となる
1878（明治 11）	ジュリアス・ソーパーが東京築地に耕教学舎を開校。のちに東京英学校となる
1879（明治 12）	ロバート・S・マクレイが横浜山手町に美會神学校を開校
1882（明治 15）	美會神学校が東京英学校と合同
1883（明治 16）	東京英学校が東京青山に移転し東京英和学校と改称
1888（明治 21）	海岸女学校の上級生を青山に移し東京英和女学校として開校
1894（明治 27）	東京英和学校は青山学院と改称。海岸女学校が東京英和女学校と合同
1895（明治 28）	東京英和女学校は青山女学院と改称
1904（明治 37）	青山学院と青山女学院が専門学校の認可を受ける
1927（昭和 2）	青山女学院が青山学院と合同
1949（昭和 24）	新制大学として青山学院大学を開校（文・商・工の 3 学部。

	工学部は 1950 年関東学院大学に移管）
1953（昭和 28）	商学部を経済学部に改組
1959（昭和 34）	法学部を設置
1965（昭和 40）	理工学部を設置
1966（昭和 41）	経営学部を設置
1982（昭和 57）	国際政治経済学部を設置
2008（平成 20）	総合文化政策学部および社会情報学部を設置
2009（平成 21）	教育人間科学部を設置
2015（平成 27）	地球社会共生学部を設置
2019（平成 31）	コミュニティ人間科学部を設置

校章

　1952 年，図案を学生から公募して決定しました。盾は「信仰を盾として」（新約聖書　エフェソの信徒への手紙 6 章 16 節）からきたもので，信仰の象徴を示しています。山形の A と G は青山と学院の頭文字。その下に，Univ.（大学）があります。盾の発案は青山学院大学校友によるもので，「中央および左右の先端は尖って高峰のごとく，側面の弧は豊かな頬を思わせるふくらみを持ち，全体が均整のとれた 4 つの弧で囲まれているようなもの」を正しい形状と定めています。

学部・学科の構成

大　学

●**文学部**　青山キャンパス

英米文学科（イギリス文学・文化コース，アメリカ文学・文化コース，グローバル文学・文化コース，英語学コース，コミュニケーションコース，英語教育学コース）

フランス文学科（文学分野，語学分野，文化分野）

日本文学科（日本文学コース，日本語・日本語教育コース）

史学科（日本史コース，東洋史コース，西洋史コース，考古学コース）

比較芸術学科（美術領域，音楽領域，演劇映像領域）

●**教育人間科学部**　青山キャンパス

教育学科（人間形成探究コース，臨床教育・生涯発達コース，教育情報・メディアコース，幼児教育学コース，児童教育学コース）

心理学科（一般心理コース，臨床心理コース）

●**経済学部**　青山キャンパス

経済学科（理論・数量コース，応用経済コース，歴史・思想コース）

現代経済デザイン学科（公共コース〈パブリック・デザイン〉，地域コース〈リージョナル・デザイン〉）

●**法学部**　青山キャンパス

法学科

ヒューマンライツ学科

●**経営学部**　青山キャンパス

経営学科

マーケティング学科

●**国際政治経済学部**　青山キャンパス

国際政治学科（政治外交・安全保障コース，グローバル・ガバナンスコース）

国際経済学科（国際経済政策コース，国際ビジネスコース）

国際コミュニケーション学科（国際コミュニケーションコース）

●**総合文化政策学部**　青山キャンパス

総合文化政策学科（メディア文化分野，都市・国際文化分野，アート・デザイン分野）

●**理工学部**　相模原キャンパス

物理科学科

数理サイエンス学科

化学・生命科学科

電気電子工学科

機械創造工学科

経営システム工学科

情報テクノロジー学科

●**社会情報学部**　相模原キャンパス

社会情報学科（社会・情報コース，社会・人間コース，人間・情報コース）

●**地球社会共生学部**　相模原キャンパス

地球社会共生学科（メディア／空間情報領域，コラボレーション領域，経済・ビジネス領域，ソシオロジー領域）

●**コミュニティ人間科学部**　相模原キャンパス

コミュニティ人間科学科（子ども・若者活動支援プログラム，女性活動支援プログラム，コミュニティ活動支援プログラム，コミュニティ資源継承プログラム，コミュニティ創生計画プログラム）

（備考）コース等に分属する年次はそれぞれで異なる。

大学院

文学研究科／教育人間科学研究科／経済学研究科／法学研究科／経営学研究科／国際政治経済学研究科／総合文化政策学研究科／理工学研究科／社会情報学研究科／国際マネジメント研究科／会計プロフェッション研究科

📍 大学所在地

青山キャンパス

相模原キャンパス

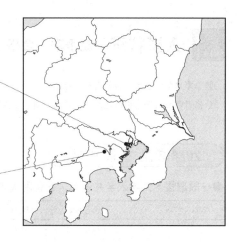

青山キャンパス　　〒150-8366　東京都渋谷区渋谷 4-4-25
相模原キャンパス　〒252-5258　神奈川県相模原市中央区淵野辺 5-10-1

入 試 デ ー タ

 ## 入試状況（競争率・合格最低点など）

○競争率は受験者数÷合格者数で算出。
○合格者数および合格最低点には補欠合格者を含む（※印で表示）。

2024 年度 入試状況

●一般選抜・大学入学共通テスト利用入学者選抜

学部・学科		方　式	募集人員	志願者数	受験者数	合格者数	競争率	合格最低点/満点
文	英 米 文	全 学 部 日 程	約5	194	189	28	6.8	260.0/350.0
		個別学部日程 A　方　式	約70	430	408	※260	1.6	318.0/500.0
		個別学部日程 B　方　式	約40	395	358	122	2.9	218.0/300.0
		個別学部日程 C　方　式	約40	536	492	137	3.6	213.0/300.0
		共通テスト利用	約15	464	463	150	3.1	325.0/400.0
	フランス文	全 学 部 日 程	約15	342	331	68	4.9	244.0/350.0
		個別学部日程 A　方　式	約40	334	314	122	2.6	#1/500.0
		個別学部日程 B　方　式	約10	131	122	28	4.4	#2/400.0
		共通テスト利用	約10	715	714	215	3.3	390.0/500.0
	日 本 文	全 学 部 日 程	約8	169	163	30	5.4	287.0/400.0
		個別学部日程 A　方　式	約55	444	399	※156	2.6	264.5/350.0
		個別学部日程 B　方　式	約10	197	182	30	6.1	196.0/250.0
		共通テスト利用	約5	205	205	34	6.0	509.0/600.0

（表つづく）

学部・学科		方　式	募集人員	志願者数	受験者数	合格者数	競争率	合格最低点/満点
文	史	全学部日程	約20	278	267	59	4.5	291.0/400.0
		個別学部日程	約52	736	682	218	3.1	318.0/450.0
		共通テスト利用（3科目型）	約10	381	381	87	4.4	498.0/600.0
		共通テスト利用（6科目型）		67	66	23	2.9	647.0/800.0
	比較芸術	全学部日程	約5	195	185	17	10.9	312.0/400.0
		個別学部日程	約45	280	258	83	3.1	322.5/450.0
		共通テスト利用	約5	239	239	22	10.9	533.0/600.0
教育人間科	教育	全学部日程	約70	1,013	989	※235	4.2	243.0/350.0
		個別学部日程	約20	476	437	65	6.7	#3/300.0
		共通テスト利用	約10	480	480	※127	3.8	411.0/500.0
	心理	全学部日程	約58	626	601	※178	3.4	243.0/350.0
		個別学部日程	約15	323	277	※49	5.7	#4/300.0
		共通テスト利用	約10	425	423	※79	5.4	381.0/450.0
経済	経済	全学部日程	約30	654	626	109	5.7	260.0/350.0
		個別学部日程 A方式	約180	3,044	2,587	※478	5.4	165.0/250.0
		個別学部日程 B方式	約100	1,973	1,616	※250	6.5	144.0/250.0
		共通テスト利用	約10	595	484	160	3.0	404.0/500.0
	現代経済デザイン	全学部日程	約10	119	114	16	7.1	253.0/350.0
		個別学部日程 A方式	約50	895	761	110	6.9	165.0/250.0
		個別学部日程 B方式	約25	459	407	56	7.3	136.0/250.0
		共通テスト利用	約10	187	123	20	6.2	404.0/500.0
法	法	全学部日程	約80	1,502	1,448	351	4.1	246.0/350.0
		個別学部日程 A方式	約80	634	522	186	2.8	289.0/400.0
		個別学部日程 B方式	約25	286	213	76	2.8	263.0/400.0
		共通テスト利用（3科目型）	約10	624	624	270	2.3	273.0/350.0
		共通テスト利用（5科目型）		201	201	98	2.1	549.0/700.0

（表つづく）

学部・学科		方　式	募集人員	志願者数	受験者数	合格者数	競争率	合格最低点/満点
法	ヒューマンライツ	全学部日程	約25	870	844	146	5.8	245.0/350.0
		個別学部日程A　方　式	約20	126	111	44	2.5	279.0/400.0
		個別学部日程B　方　式	約10	87	69	31	2.2	256.0/400.0
		共通テスト利用（3科目型）	約5	601	601	118	5.1	280.0/350.0
		共通テスト利用（5科目型）		59	59	23	2.6	541.0/700.0
経営	経　営	全学部日程	約25	879	841	※130	6.5	256.0/350.0
		個別学部日程A　方　式	約160	1,547	1,347	※527	2.6	287.8/400.0
		個別学部日程B　方　式	約40	297	263	※144	1.8	275.3/400.0
		共通テスト利用	約10	1,121	1,118	※175	6.4	252.0/300.0
	マーケティング	全学部日程	約15	519	503	※63	8.0	256.0/350.0
		個別学部日程A　方　式	約80	589	515	※176	2.9	295.0/400.0
		個別学部日程B　方　式	約20	88	78	※40	2.0	276.1/400.0
		共通テスト利用	約5	405	404	※60	6.7	252.5/300.0
国際政治経済	国際政治	全学部日程	約5	162	152	※27	5.6	275.0/350.0
		個別学部日程A　方　式	約64	325	285	※138	2.1	141.3/200.0
		個別学部日程B　方　式	約6	39	31	7	4.4	157.9/200.0
		共通テスト利用（3科目型）	約10	404	404	※104	3.9	338.0/400.0
		共通テスト利用（4科目型）	約10	58	58	19	3.1	500.0/600.0
	国際経済	全学部日程	約5	106	102	26	3.9	262.0/350.0
		個別学部日程	約70	200	179	89	2.0	139.1/200.0
		共通テスト利用（3科目型）	約10	325	323	111	2.9	322.0/400.0
		共通テスト利用（4科目型）	約10	76	76	38	2.0	490.0/600.0

（表つづく）

学部・学科		方　式	募集人員	志願者数	受験者数	合格者数	競争率	合格最低点/満点
国際政治経済	国際コミュニケーション	全学部日程	約5	126	120	24	5.0	270.0/350.0
		個別学部日程A方式	約27	278	245	75	3.3	140.8/200.0
		個別学部日程B方式	約20	146	121	31	3.9	148.2/200.0
		共通テスト利用	約10	219	219	49	4.5	341.0/400.0
総合文化政策		全学部日程	約55	856	832	※172	4.8	260.0/350.0
		個別学部日程A方式	約70	393	362	※124	2.9	235.0/300.0
		個別学部日程B方式	約50	501	435	※101	4.3	257.5/350.0
		共通テスト利用（3科目型）	約10	787	772	※103	7.5	345.0/400.0
		共通テスト利用（4科目型）		30	30	3	10.0	433.0/500.0
		共通テスト利用（5科目型）		103	103	※11	9.4	517.0/600.0
理工	物理科	全学部日程	約12	132	125	37	3.4	248.0/400.0
		個別学部日程A方式	約35	550	526	156	3.4	298.0/450.0
		個別学部日程B方式	約28	329	305	104	2.9	360.0/500.0
		共通テスト利用	約8	415	415	242	1.7	444.0/600.0
	数理サイエンス	全学部日程	約6	122	117	41	2.9	225.0/400.0
		個別学部日程A方式	約20	285	270	94	2.9	261.0/450.0
		個別学部日程B方式	約13	179	166	52	3.2	337.0/500.0
		共通テスト利用	約4	140	140	46	3.0	486.0/600.0
	化学・生命科	全学部日程	約13	115	104	20	5.2	262.0/400.0
		個別学部日程A方式	約50	782	750	267	2.8	263.0/450.0
		個別学部日程B方式	約20	346	321	102	3.1	375.0/500.0
		共通テスト利用	約10	277	276	80	3.5	492.0/600.0

（表つづく）

学部・学科		方　式	募集人員	志願者数	受験者数	合格者数	競争率	合格最低点/満点
理工	電気電子工	全学部日程	約13	170	162	※50	3.2	222.0/400.0
		個別学部日程 A 方式	約40	492	471	※151	3.1	262.0/450.0
		個別学部日程 B 方式	約20	254	242	※89	2.7	320.0/500.0
		共通テスト利用	約10	248	247	※77	3.2	473.0/600.0
	機械創造工	全学部日程	約15	131	124	29	4.3	233.0/400.0
		個別学部日程 A 方式	約40	699	668	271	2.5	261.0/450.0
		個別学部日程 B 方式	約20	229	217	71	3.1	340.0/500.0
		共通テスト利用	約10	228	226	117	1.9	455.0/600.0
	経営システム工	全学部日程	約10	149	138	※33	4.2	256.0/400.0
		個別学部日程 A 方式	約35	519	504	※173	2.9	276.0/450.0
		個別学部日程 B 方式	約20	210	198	※66	3.0	346.0/500.0
		共通テスト利用	約10	201	201	36	5.6	417.0/500.0
	情報テクノロジー	全学部日程	約10	154	143	15	9.5	265.0/400.0
		個別学部日程 A 方式	約35	672	618	※174	3.6	275.0/450.0
		個別学部日程 B 方式	約20	298	278	※78	3.6	354.0/500.0
		共通テスト利用	約10	244	241	30	8.0	426.0/500.0
社会情報		全学部日程 A 方式	約17	237	225	29	7.8	253.0/350.0
		全学部日程 B 方式	約10	130	124	22	5.6	285.0/400.0
		個別学部日程 A 方式	約45	471	437	※114	3.8	291.0/400.0
		個別学部日程 B 方式	約25	425	402	※88	4.6	209.0/350.0
		個別学部日程 C 方式	約35	343	327	※89	3.7	272.0/450.0
		個別学部日程 D 方式	約15	110	102	※21	4.9	222.0/400.0

（表つづく）

学部・学科	方　式	募集人員	志願者数	受験者数	合格者数	競争率	合格最低点/満点
社　会　情　報	共通テスト利用 （3科目型）	約15	305	305	30	10.2	253.0/300.0
	共通テスト利用 （4科目A型）		99	97	10	9.7	335.0/400.0
	共通テスト利用 （4科目B型）		71	71	7	10.1	347.0/400.0
	共通テスト利用 （5科目型）		42	40	4	10.0	444.0/500.0
地球社会共生	全 学 部 日 程	約45	460	448	100	4.5	242.0/350.0
	個別学部日程	約30	352	278	※99	2.8	193.7/300.0
	共通テスト利用	約20	577	574	89	6.4	329.0/400.0
コ ミ ュ ニ テ ィ 人　　間　　科	全 学 部 日 程	約50	634	617	※131	4.7	237.0/350.0
	個別学部日程	約34	437	411	※137	3.0	214.0/300.0
	共通テスト利用 （3科目型）	約12	195	194	※70	2.8	376.0/500.0
	共通テスト利用 （4科目型）		30	30	※19	1.6	377.0/500.0
	共通テスト利用 （5科目型）		51	51	※25	2.0	377.0/500.0

（備考）

• 合格最低点について #1～4 は以下参照。

#1　総合点 348.0 点以上で「総合問題」120.0 点以上かつ「外国語」140.0 点以上。

#2　「総合問題」110.0 点以上かつ「外国語」154.0 点以上。

#3　大学入学共通テストの「英語」,「国語」の点数をそれぞれ 50％に圧縮した合計点が 130.0 点以上かつ「小論文」の点数が 69.0 点以上。

#4　大学入学共通テストの「英語」の点数を 50％に圧縮したものが 70.0 点以上かつ総合点が 221.5 点以上。

2023年度 入試状況

●一般選抜・大学入学共通テスト利用入学者選抜

学部・学科		方　式	募集人員	志願者数	受験者数	合格者数	競争率	合格最低点/満点
文	英米文	全学部日程	約5	143	138	17	8.1	279.0/350.0
		個別学部日程 A 方式	約70	432	418	※215	1.9	346.0/500.0
		個別学部日程 B 方式	約40	448	415	※120	3.5	196.0/300.0
		個別学部日程 C 方式	約40	511	476	※112	4.3	208.0/300.0
		共通テスト利用	約15	407	403	136	3.0	321.0/400.0
	フランス文	全学部日程	約15	195	192	70	2.7	253.0/350.0
		個別学部日程 A 方式	約40	271	252	※120	2.1	#1/500.0
		個別学部日程 B 方式	約10	73	63	24	2.6	#2/400.0
		共通テスト利用	約10	174	173	80	2.2	374.0/500.0
	日本文	全学部日程	約8	180	167	30	5.6	309.0/400.0
		個別学部日程 A 方式	約55	397	349	143	2.4	272.0/350.0
		個別学部日程 B 方式	約10	157	152	29	5.2	192.0/250.0
		共通テスト利用	約5	158	157	30	5.2	494.0/600.0
	史	全学部日程	約20	293	280	※77	3.6	304.0/400.0
		個別学部日程	約52	586	541	※221	2.4	309.0/450.0
		共通テスト利用 （3科目型）	約5	204	204	83	2.5	465.0/600.0
		共通テスト利用 （6科目型）	約5	68	66	20	3.3	642.0/800.0
	比較芸術	全学部日程	約5	218	202	22	9.2	312.0/400.0
		個別学部日程	約45	241	216	※105	2.1	299.0/450.0
		共通テスト利用	約5	171	170	28	6.1	516.0/600.0

（表つづく）

学部・学科		方　式	募集人員	志願者数	受験者数	合格者数	競争率	合格最低点/満点
教育人間科	教　育	全学部日程	約70	1,147	1,117	※241	4.6	266.0/350.0
		個別学部日程	約20	379	352	63	5.6	#3/300.0
		共通テスト利用	約10	575	575	102	5.6	408.0/500.0
	心　理	全学部日程	約58	635	622	141	4.4	268.0/350.0
		個別学部日程	約15	215	181	※74	2.4	#4/300.0
		共通テスト利用	約10	402	400	56	7.1	373.0/450.0
経済	経　済	全学部日程	約30	792	751	101	7.4	278.0/350.0
		個別学部日程 A 方式	約180	3,250	2,735	394	6.9	158.0/250.0
		個別学部日程 B 方式	約100	1,792	1,481	217	6.8	162.0/250.0
		共通テスト利用	約10	685	548	161	3.4	404.0/500.0
	現代経済デザイン	全学部日程	約10	93	88	15	5.9	267.0/350.0
		個別学部日程 A 方式	約50	828	703	115	6.1	153.0/250.0
		個別学部日程 B 方式	約25	396	341	58	5.9	154.0/250.0
		共通テスト利用	約10	58	41	15	2.7	391.0/500.0
法	法	全学部日程	約80	1,354	1,302	379	3.4	265.0/350.0
		個別学部日程 A 方式	約80	589	445	※180	2.5	286.0/400.0
		個別学部日程 B 方式	約25	282	190	※107	1.8	262.0/400.0
		共通テスト利用（3科目型）	約10	920	920	196	4.7	282.0/350.0
		共通テスト利用（5科目型）		260	259	99	2.6	542.0/700.0
	ヒューマンライツ	全学部日程	約25	287	281	112	2.5	256.0/350.0
		個別学部日程 A 方式	約20	142	107	40	2.7	282.0/400.0
		個別学部日程 B 方式	約10	73	44	22	2.0	262.0/400.0
		共通テスト利用（3科目型）	約5	142	142	55	2.6	267.0/350.0
		共通テスト利用（5科目型）		28	28	14	2.0	533.0/700.0

（表つづく）

学部・学科		方　式	募集人員	志願者数	受験者数	合格者数	競争率	合格最低点/満点
経営	経営	全学部日程	約25	696	664	※108	6.1	273.0/350.0
		個別学部日程 A 方式	約160	1,150	965	※459	2.1	278.3/400.0
		個別学部日程 B 方式	約40	355	307	※162	1.9	275.0/400.0
		共通テスト利用	約10	709	707	169	4.2	241.0/300.0
	マーケティング	全学部日程	約15	517	498	※50	10.0	279.0/350.0
		個別学部日程 A 方式	約80	652	578	※197	2.9	291.5/400.0
		個別学部日程 B 方式	約20	267	225	※61	3.7	281.5/400.0
		共通テスト利用	約5	311	310	53	5.8	243.0/300.0
国際政治経済	国際政治	全学部日程	約5	146	134	27	5.0	283.0/350.0
		個別学部日程 A 方式	約64	331	277	※137	2.0	147.6/200.0
		個別学部日程 B 方式	約6	35	28	9	3.1	157.5/200.0
		共通テスト利用 (3科目型)	約10	302	300	87	3.4	335.0/400.0
		共通テスト利用 (4科目型)	約10	211	211	62	3.4	495.0/600.0
	国際経済	全学部日程	約5	94	88	16	5.5	283.0/350.0
		個別学部日程 A 方式	約70	443	390	※112	3.5	145.8/200.0
		共通テスト利用 (3科目型)	約10	222	221	58	3.8	331.0/400.0
		共通テスト利用 (4科目型)	約10	129	126	51	2.5	484.0/600.0
	国際コミュニケーション	全学部日程	約5	124	116	17	6.8	283.0/350.0
		個別学部日程 A 方式	約27	268	213	※84	2.5	145.3/200.0
		個別学部日程 B 方式	約20	88	76	26	2.9	156.8/200.0
		共通テスト利用	約10	201	200	45	4.4	341.0/400.0

（表つづく）

学部・学科		方　式	募集人員	志願者数	受験者数	合格者数	競争率	合格最低点/満点
総合文化政策		全学部日程	約55	758	734	※156	4.7	272.0/350.0
		個別学部日程 A 方 式	約70	296	268	83	3.2	227.0/300.0
		個別学部日程 B 方 式	約50	369	308	※95	3.2	259.0/350.0
		共通テスト利用 （3科目型）	約10	378	373	96	3.9	332.0/400.0
		共通テスト利用 （4科目型）		12	12	2	6.0	426.0/500.0
		共通テスト利用 （5科目型）		54	54	20	2.7	501.0/600.0
理 工	物 理 科	全学部日程	約12	143	139	45	3.1	270.0/400.0
		個別学部日程 A 方 式	約35	471	450	215	2.1	255.0/450.0
		個別学部日程 B 方 式	約28	218	207	105	2.0	344.5/500.0
		共通テスト利用	約8	407	404	200	2.0	467.0/600.0
	数 理 サイエンス	全学部日程	約6	166	164	53	3.1	265.0/400.0
		個別学部日程 A 方 式	約20	350	331	※121	2.7	257.0/450.0
		個別学部日程 B 方 式	約13	135	129	※55	2.3	309.0/500.0
		共通テスト利用	約4	209	207	56	3.7	491.0/600.0
	化 学 ・ 生 命 科	全学部日程	約13	119	112	19	5.9	286.0/400.0
		個別学部日程 A 方 式	約50	808	765	307	2.5	261.0/450.0
		個別学部日程 B 方 式	約20	338	318	128	2.5	321.0/500.0
		共通テスト利用	約10	504	504	83	6.1	510.0/600.0

（表つづく）

学部・学科		方　式	募集人員	志願者数	受験者数	合格者数	競争率	合格最低点/満点
理	電気電子工	全 学 部 日 程	約13	136	128	※38	3.4	258.0/400.0
		個別学部日程 A 方 式	約40	479	457	※155	2.9	261.0/450.0
		個別学部日程 B 方 式	約20	220	206	※76	2.7	307.0/500.0
		共通テスト利用	約10	249	248	58	4.3	491.0/600.0
	機械創造工	全 学 部 日 程	約15	189	178	28	6.4	274.0/400.0
		個別学部日程 A 方 式	約40	973	936	※272	3.4	264.0/450.0
		個別学部日程 B 方 式	約20	354	343	※116	3.0	311.5/500.0
		共通テスト利用	約10	620	620	104	6.0	500.0/600.0
工	経 営 システム工	全 学 部 日 程	約10	144	136	22	6.2	292.0/400.0
		個別学部日程 A 方 式	約35	560	534	172	3.1	265.0/450.0
		個別学部日程 B 方 式	約23	220	206	55	3.7	337.0/500.0
		共通テスト利用	約10	336	336	52	6.5	419.0/500.0
	情 報 テクノロジー	全 学 部 日 程	約10	160	148	14	10.6	296.0/400.0
		個別学部日程 A 方 式	約35	810	760	※195	3.9	278.0/450.0
		個別学部日程 B 方 式	約20	358	342	※111	3.1	327.0/500.0
		共通テスト利用	約10	436	432	48	9.0	442.0/500.0
社 会 情 報		全 学 部 日 程 A 方 式	約17	272	259	※47	5.5	266.0/350.0
		全 学 部 日 程 B 方 式	約10	117	112	※26	4.3	279.0/400.0
		個別学部日程 A 方 式	約45	367	330	※122	2.7	280.0/400.0
		個別学部日程 B 方 式	約25	276	253	※65	3.9	300.0/400.0
		個別学部日程 C 方 式	約35	278	270	※82	3.3	262.0/400.0
		個別学部日程 D 方 式	約15	212	203	※51	4.0	308.0/400.0

（表つづく）

学部・学科	方　式	募集人員	志願者数	受験者数	合格者数	競争率	合格最低点/満点
社 会 情 報	共通テスト利用（3科目型）	約15	187	185	19	9.7	256.0/300.0
	共通テスト利用（4科目A型）		58	58	6	9.7	334.5/400.0
	共通テスト利用（4科目B型）		41	41	5	8.2	350.0/400.0
	共通テスト利用（5科目型）		27	20	3	6.7	419.0/500.0
地球社会共生	全学部日程	約45	364	348	109	3.2	256.0/350.0
	個別学部日程	約30	321	250	※66	3.8	218.6/300.0
	共通テスト利用	約20	230	228	61	3.7	320.0/400.0
コミュニティ人 間 科	全学部日程	約50	692	669	※164	4.1	256.0/350.0
	個別学部日程	約34	266	245	※127	1.9	200.0/300.0
	共通テスト利用（3科目型）	約12	246	246	57	4.3	389.0/500.0
	共通テスト利用（4科目型）		47	47	10	4.7	389.0/500.0
	共通テスト利用（5科目型）		66	64	13	4.9	389.0/500.0

（備考）

• 合格最低点について #1〜4 は以下参照。

#1　総合点 360.0 点以上で「総合問題」130.0 点以上かつ「外国語」140.0 点以上。

#2　「総合問題」101.0 点以上かつ「外国語」141.0 点以上。

#3　大学入学共通テストの「英語」,「国語」の点数をそれぞれ 50％に圧縮した合計点が
　　125.0 点以上かつ「小論文」の点数が 57.0 点以上。

#4　大学入学共通テストの「英語」の点数を 50％に圧縮したものが 68.0 点以上かつ総合点が
　　201.5 点以上。

2022 年度　入試状況

●一般選抜・大学入学共通テスト利用入学者選抜

学部・学科		方　式	募集人員	志願者数	受験者数	合格者数	競争率	合格最低点/満点
文	英米文	全学部日程	約5	285	269	15	17.9	297.0/350
		個別学部日程A方式	約70	549	517	※238	2.2	345.5/500
		個別学部日程B方式	約40	431	385	※124	3.1	271.0/400
		個別学部日程C方式	約40	710	623	※96	6.5	200.0/300
		共通テスト利用	約15	506	505	150	3.4	330.5/400
	フランス文	全学部日程	約15	488	470	67	7.0	282.0/350
		個別学部日程A方式	約40	278	235	※97	2.4	#1/500
		個別学部日程B方式	約10	84	68	※21	3.2	#2/400
		共通テスト利用	約10	667	666	150	4.4	401.0/500
	日本文	全学部日程	約8	135	129	31	4.2	321.0/400
		個別学部日程A方式	約55	508	452	165	2.7	276.0/350
		個別学部日程B方式	約10	151	143	32	4.5	167.0/250
		共通テスト利用	約5	203	202	46	4.4	500.0/600
	史	全学部日程	約20	219	214	※66	3.2	312.0/400
		個別学部日程	約55	656	570	※184	3.1	315.0/450
		共通テスト利用	約5	505	504	96	5.3	507.0/600
	比較芸術	全学部日程	約5	150	150	23	6.5	323.0/400
		個別学部日程	約45	231	202	※88	2.3	315.0/450
		共通テスト利用	約5	202	201	35	5.7	517.0/600
教育人間科	教育	全学部日程	約70	1,013	989	※236	4.2	276.0/350
		個別学部日程	約20	439	404	※76	5.3	#3/300
		共通テスト利用	約10	492	492	103	4.8	403.0/500
	心理	全学部日程	約58	705	685	129	5.3	283.0/350
		個別学部日程	約15	287	245	※51	4.8	#4/300
		共通テスト利用	約10	331	331	67	4.9	370.0/450

（表つづく）

学部・学科		方　式	募集人員	志願者数	受験者数	合格者数	競争率	合格最低点/満点
経済	経　　済	全学部日程	約30	590	555	93	6.0	283.0/350
		個別学部日程 A 方 式	約180	3,453	2,921	※487	6.0	#5/250
		個別学部日程 B 方 式	約100	1,856	1,494	※227	6.6	143.0/250
		共通テスト利用	約10	711	578	157	3.7	399.0/500
	現代経済デザイン	全学部日程	約10	179	170	20	8.5	283.0/350
		個別学部日程 A 方 式	約50	1,164	1,038	※113	9.2	169.0/250
		個別学部日程 B 方 式	約25	381	321	51	6.3	138.0/250
		共通テスト利用	約10	182	143	20	7.2	398.0/500
法	法	全学部日程	約80	1,624	1,550	※390	4.0	280.0/350
		個別学部日程 A 方 式	約80	682	548	※201	2.7	291.0/400
		個別学部日程 B 方 式	約25	211	145	※69	2.1	270.0/400
		共通テスト利用	約10	676	675	198	3.4	280.0/350
	ヒューマンライツ	全学部日程	約25	742	717	※128	5.6	282.0/350
		個別学部日程 A 方 式	約20	272	239	※52	4.6	299.0/400
		個別学部日程 B 方 式	約10	154	132	※39	3.4	285.3/400
		共通テスト利用	約5	265	265	54	4.9	280.0/350
経営	経　　営	全学部日程	約25	974	932	※76	12.3	293.0/350
		個別学部日程 A 方 式	約160	1,364	1,125	※473	2.4	283.5/400
		個別学部日程 B 方 式	約40	263	212	※114	1.9	247.3/400
		共通テスト利用	約10	931	928	104	8.9	252.5/300
	マーケティング	全学部日程	約15	460	444	※54	8.2	292.0/350
		個別学部日程 A 方 式	約80	538	447	※192	2.3	285.5/400
		個別学部日程 B 方 式	約20	85	70	※45	1.6	238.0/400
		共通テスト利用	約5	366	365	33	11.1	256.0/300

（表つづく）

学部・学科		方　式	募集人員	志願者数	受験者数	合格者数	競争率	合格最低点/満点
国際政治経済	国際政治	全学部日程	約5	199	189	23	8.2	296.0/350
		個別学部日程 A 方式	約64	419	346	※116	3.0	127.8/200
		個別学部日程 B 方式	約6	22	19	8	2.4	119.8/200
		共通テスト利用 (3教科型)	約10	326	323	89	3.6	345.0/400
		共通テスト利用 (4教科型)	約10	129	128	51	2.5	460.0/600
	国際経済	全学部日程	約5	129	120	16	7.5	297.0/350
		個別学部日程	約70	272	236	※130	1.8	127.8/200
		共通テスト利用 (3教科型)	約10	267	264	52	5.1	345.0/400
		共通テスト利用 (4教科型)	約10	123	123	38	3.2	470.0/600
	国際コミュニケーション	全学部日程	約5	168	161	16	10.1	297.0/350
		個別学部日程 A 方式	約27	348	273	※71	3.8	149.3/200
		個別学部日程 B 方式	約20	175	144	25	5.8	159.9/200
		共通テスト利用	約10	241	238	46	5.2	351.0/400
総合文化政策		全学部日程	約55	948	922	※156	5.9	290.0/350
		個別学部日程 A 方式	約70	441	406	※86	4.7	250.0/300
		個別学部日程 B 方式	約50	499	432	※100	4.3	275.5/350
		共通テスト利用	約10	605	602	58	10.4	352.0/400
理工	物理科	全学部日程	約12	231	221	※71	3.1	275.0/400
		個別学部日程 A 方式	約35	762	723	※190	3.8	278.0/450
		個別学部日程 B 方式	約28	237	224	※87	2.6	326.8/500
		共通テスト利用	約8	785	783	172	4.6	442.0/600

（表つづく）

学部・学科		方　式	募集人員	志願者数	受験者数	合格者数	競争率	合格最低点/満点
理工	数理サイエンス	全学部日程	約6	155	149	※56	2.7	244.0/400
		個別学部日程A方式	約20	288	271	※122	2.2	252.0/450
		個別学部日程B方式	約13	97	94	42	2.2	289.8/500
		共通テスト利用	約4	212	212	56	3.8	443.0/600
	化学・生命科	全学部日程	約13	136	128	28	4.6	274.0/400
		個別学部日程A方式	約50	836	795	※348	2.3	250.0/450
		個別学部日程B方式	約20	209	190	109	1.7	311.0/500
		共通テスト利用	約10	291	289	60	4.8	456.0/600
	電気電子工	全学部日程	約13	182	165	※41	4.0	269.0/400
		個別学部日程A方式	約40	608	579	※177	3.3	267.0/450
		個別学部日程B方式	約20	174	161	※70	2.3	295.2/500
		共通テスト利用	約10	239	238	56	4.3	450.0/600
	機械創造工	全学部日程	約15	148	141	30	4.7	270.0/400
		個別学部日程A方式	約40	749	717	299	2.4	252.0/450
		個別学部日程B方式	約20	148	132	69	1.9	291.1/500
		共通テスト利用	約10	270	270	99	2.7	432.0/600
	経営システム工	全学部日程	約10	188	183	34	5.4	290.0/400
		個別学部日程A方式	約35	649	620	207	3.0	273.0/450
		個別学部日程B方式	約23	174	162	58	2.8	316.7/500
		共通テスト利用	約10	264	264	51	5.2	379.0/500
	情報テクノロジー	全学部日程	約10	188	175	19	9.2	294.0/400
		個別学部日程A方式	約35	769	717	177	4.1	280.0/450
		個別学部日程B方式	約20	206	185	86	2.2	312.0/500
		共通テスト利用	約10	477	477	49	9.7	396.0/500

（表つづく）

学部・学科	方　式	募集人員	志願者数	受験者数	合格者数	競争率	合格最低点/満点
社　会　情　報	全学部日程 A 方 式	約17	239	228	※43	5.3	276.0/350
	全学部日程 B 方 式	約10	164	154	※29	5.3	300.0/400
	個別学部日程 A 方 式	約45	413	378	※111	3.4	299.0/400
	個別学部日程 B 方 式	約25	314	307	※67	4.6	302.5/400
	個別学部日程 C 方 式	約35	311	293	※80	3.7	273.5/400
	個別学部日程 D 方 式	約15	190	178	※42	4.2	310.5/400
	共通テスト利用	約15	539	538	44	12.2	260.0/300
地球社会共生	全学部日程	約45	440	429	※140	3.1	272.0/350
	個別学部日程	約30	323	291	※101	2.9	224.0/300
	共通テスト利用	約20	390	390	85	4.6	337.0/400
コミュニティ 人　間　科	全学部日程	約50	879	845	※197	4.3	269.0/350
	個別学部日程	約34	179	154	※104	1.5	197.0/300
	共通テスト利用	約12	127	126	24	5.3	391.0/500

（備考）
• 合格最低点について #1〜5 は以下参照。
　#1　総合点 328.0 点以上で「総合問題」114.0 点以上かつ「外国語」144.0 点以上。
　#2　「総合問題」103.0 点以上かつ「外国語」158.0 点以上。
　#3　大学入学共通テストの「英語」,「国語」を各々 50％に圧縮した合計点が 127.5 点以上,
　　　かつ「小論文」56 点以上。
　#4　大学入学共通テストの「英語」を 50％に圧縮した点数が 70 点以上, かつ総合点 221.0 点
　　　以上。
　#5　総合点 168 点以上および総合点 167 点かつ「英語」111 点以上。

募集要項（出願書類）の入手方法

　一般選抜および大学入学共通テスト利用入学者選抜は Web 出願です。出願に関する詳細は，11 月中旬以降に大学公式ウェブサイトに公表する入学者選抜要項で各自ご確認ください。

問い合わせ先

　青山学院大学　入学広報部

　　〒 150-8366　東京都渋谷区渋谷 4-4-25

　　　　　　　☎ (03)3409-8627

　　公式ウェブサイト　https://www.aoyama.ac.jp/

 青山学院大学のテレメールによる資料請求方法

| スマートフォンから | QRコードからアクセスしガイダンスに従ってご請求ください。 |
| パソコンから | 教学社 赤本ウェブサイト(akahon.net)から請求できます。 |

合格体験記
募集

　2025年春に入学される方を対象に，本大学の「合格体験記」を募集します。お寄せいただいた合格体験記は，編集部で選考の上，小社刊行物やウェブサイト等に掲載いたします。お寄せいただいた方には小社規定の謝礼を進呈いたしますので，ふるってご応募ください。

● 応募方法 ●

下記 URL または QR コードより応募サイトにアクセスできます。
ウェブフォームに必要事項をご記入の上，ご応募ください。
折り返し執筆要領をメールにてお送りします。

※入学が決まっている一大学のみ応募できます。

☞ http://akahon.net/exp/

● 応募の締め切り ●

総合型選抜・学校推薦型選抜 ……………… 2025年2月23日
私立大学の一般選抜 ………………………… 2025年3月10日
国公立大学の一般選抜 ……………………… 2025年3月24日

受験にまつわる川柳を募集します。
入選者には賞品を進呈！
ふるってご応募ください。

応募方法　http://akahon.net/senryu/ にアクセス！☞

気になること、聞いてみました！

在学生メッセージ

大学ってどんなところ？　大学生活ってどんな感じ？
ちょっと気になることを，在学生に聞いてみました。

以下の内容は 2020〜2023 年度入学生のアンケート回答に基づくものです。ここで触れられている内容は今後変更となる場合もありますのでご注意ください。

メッセージを書いてくれた先輩　●青山キャンパス　：[文学部] Y.H. さん
　　　　　　　　　　　　　　　　　　　　　　　　[法学部] A.M. さん
　　　　　　　　　　　　　　　　　　　　　　　　[経営学部] R.M. さん
　　　　　　　　　　　　●相模原キャンパス：[理工学部] K.N. さん
　　　　　　　　　　　　　　　　　　　　　　　　[コミュニティ人間科学部] H.T. さん

大学生になったと実感！

制服を着て参考書を読んでいる高校生を通学の際によく見かけます。そのときに，かつては自分もそうだったがもう制服を着ることはないのだと実感します。また，自分で授業を決めて時間割を作る履修登録が高校との大きな違いだと思います。（H.T. さん／コミュニティ人間科）

通学する洋服が自由で，化粧 OK，髪型が自由など，全体的に自由度が増しました。また，空きコマに友達とカフェに行ったり，授業終了後に自由に好きな場所に寄って帰ることができるなど，高校生のときに比べたらできることが増えたと思います。（A.M. さん／法）

Message from current students

自分の責任で行動しなければならないことが多く，大学生になったなと感じます。自由な時間が増えるので，自分の好きなように予定を入れることができますが，その分課題を計画的に終わらせなければならないので，勉強と自由時間をうまく調節して効率よくこなすのが大変だなと思います。（K.N. さん／理工）

大学生活に必要なもの

パソコンは必須です。大学からのお知らせを受け取ったり，オンライン授業を受けたり，レポートを提出したり，多くのことをパソコンで行います。パソコンのケースやパソコンが入るリュックも用意しました。（H.T. さん／コミュニティ人間科）

この授業がおもしろい！

第二外国語の授業です。私は韓国語の授業を選択しています。韓国語の授業を受けることで，K-POP のハングルの歌詞が読めるようになったり，韓国ドラマで聞き取れる単語が増えたり，と異国の文化をもっと楽しめるようになりました。（H.T. さん／コミュニティ人間科）

大学の学びで困ったこと＆対処法

自分で決めなければいけないことがとても多いことです。入学してすぐ，履修登録でとても苦労しました。選択肢がたくさんあり，抽選の授業などもあります。私は大学でできた友達と，気になる授業の内容，日程，評価基準などを確認して決めました。友達と一緒に協力して決めるのはよいと思います。（H.T. さん／コミュニティ人間科）

部活・サークル活動

　いくつかのサークルや委員会に入っています。学部内での親交を深めるためにイベントを企画したり，ボランティア活動として大学付近のゴミ拾いをしたり，今までやったことのない新しいことに挑戦しています。（H.T. さん／コミュニティ人間科）

交友関係は？

　入学式やオリエンテーションで近くにいた人に話しかけてみました。また授業が多くかぶっている人とは自然と仲良くなりました。先輩とはサークル活動を通して仲良くなりました。（H.T. さん／コミュニティ人間科）

いま「これ」を頑張っています

　サークルでの活動を大学以外の人にも知ってもらうために広報活動に力を入れています。大学付近のお店に行ってインタビューをするなど，大学での活動をきっかけとして町全体を盛り上げられるように努力しています。（H.T. さん／コミュニティ人間科）

　経営学部公認の学生団体に所属して，学校のために，学生のために，地域のために，様々な点に目を向けて活動しています。高校の生徒会などとは規模が圧倒的に違う場所で活動できることがおもしろくて，いま熱中してなにかができないかなと思考してます。（R.M. さん／経営）

Message from current students

普段の生活で気をつけていることや心掛けていること

　大学の授業のない日や休日はすることがなく，家でダラダラとした生活を送ってしまいがちなので，規則正しい生活を送ることを心掛けています。特に早寝早起きを意識しています。（H.T. さん／コミュニティ人間科）

　毎朝ランニングを1時間半しています。ランニングをすると目も覚めますし，課題の効率も上がるのでかなりおすすめです。体力もつきますし，免疫力も上がると思います。僕は毎朝のランニングで性格が明るくなった気もします。外見だけではなく内面をも変えてくれると思うので，おすすめです。（Y.H. さん／文）

 ## おススメ・お気に入りスポット

　相模原キャンパスにはとても広い芝生があります。授業のない時間にくつろいでいる学生もいます。天気の良い日は，芝生でピザパーティーをしたり，昼食を食べたり，お昼寝したり，とても快適です。（H.T. さん／コミュニティ人間科）

 ## 高校生のときに「これ」をやっておけばよかった

　パソコンのスキルをもっと身につけておくべきでした。レポートではWord，プレゼンでは PowerPoint などを使う機会が多く，今までパソコンをあまり使ってこなかった私は使い慣れるまでとても苦労しました。（H.T. さん／コミュニティ人間科）

入学してよかった！

　今まで関わったことのないタイプの人と，たくさん関わることができることです。留学生と交流できる機会も多いので，様々な国の人と話すことができます。また，スポーツ推薦で来ている駅伝選手など，大学の名前を背負って優秀な成績を収めている人と身近に関わることができます。（H.T. さん／コミュニティ人間科）

　自分の将来をしっかり考えて努力している人がとても多いところです。自分が勉強を怠けてしまっているとき，同級生の努力している姿を見ると自分も頑張らなければという気持ちにさせてもらえます。また，大学の周りにおしゃれなお店がたくさんあるところもよいです！（A.M. さん／法）

Message from current students

　科目ごとに問題の「傾向」を分析し，具体的にどのような「対策」をすればよいか紹介しています。まずは出題内容をまとめた分析表を見て，試験の概要を把握しましょう。

———————————————　注　意　———————————————

　「傾向と対策」で示している，出題科目・出題範囲・試験時間等については，2024 年度までに実施された入試の内容に基づいています。2025 年度入試の選抜方法については，各大学が発表する学生募集要項を必ずご確認ください。

英　語

年度	番号	項　目	内　容
2024 ◑	〔1〕	読　　解	内容説明，語意，省略語句，空所補充，語句整序，内容真偽
	〔2〕	英　作　文	和文英訳
	〔3〕	読　　解	内容真偽，内容説明，語の定義，英文和訳
	〔4〕	読　　解	空所補充
	〔5〕	読　　解	同意表現，空所補充，内容説明（150字）
2023 ◑	〔1〕	読　　解	同意表現，空所補充，語句整序，内容説明，内容真偽，主題，英文和訳
	〔2〕	英　作　文	和文英訳
	〔3〕	読　　解	内容真偽，内容説明
	〔4〕	読　　解	空所補充
	〔5〕	読　　解	同意表現，空所補充，内容説明（150字）
2022 ◑	〔1〕	読　　解	空所補充，語句整序，内容説明，内容真偽，英文和訳
	〔2〕	英　作　文	和文英訳
	〔3〕	読　　解	内容説明
	〔4〕	読　　解	同意表現
	〔5〕	読　　解	空所補充，略語の正式名称，内容説明（150字）
2021 ◑	〔1〕	読　　解	空所補充，語句整序，内容説明，主題，英文和訳
	〔2〕	英　作　文	和文英訳
	〔3〕	読　　解	内容説明
	〔4〕	読　　解	同意表現
	〔5〕	読　　解	空所補充，内容説明（150字）

（注）　●印は全問，◑印は一部マークシート法採用であることを表す。

読解英文の主題

年度	番号	主　題
2024	〔1〕	正解にたどり着けるのは専門家とは限らない
	〔3〕	銘柄や広告に騙されている消費者
	〔4〕	ヤノマミ族の共同体の構成
	〔5〕	若者が抱く将来への期待感の違い
2023	〔1〕	ポケモン GO のもう一つの顔
	〔3〕	キャッシュレス時代は到来するのか？
	〔4〕	私がハニから学んだこと
	〔5〕	ビデオオンデマンド配信サービスの今後の展望
2022	〔1〕	消費の意味の変遷
	〔3〕	沈黙のボー
	〔4〕	時間の目印
	〔5〕	AI とロボット化で消えゆく職種
2021	〔1〕	類推の大切さ
	〔3〕	上達の秘訣
	〔4〕	幸運の女神は準備している者にしか微笑まない
	〔5〕	テレワークに対する意識調査

 長文読解が中心
基礎力・総合力が問われる

01 出題形式は？

　A・B方式で同一問題である。出題範囲は「英語の長文読解を中心として基礎力・総合力を問う問題」とされ，試験時間は90分。読解問題4題，英作文問題1題という計5題の構成で，英文和訳・和文英訳・日本語による内容説明（150字）の各1問が記述式となっている（2022年度は略語の正式名称の記述もあった）以外は，マークシート法による選択式である。

　例年，〔5〕の読解問題ではグラフや表を伴う英文が用いられ，数値の読み取りと，それをもとにした考察（日本語で150字）が求められている。

02 出題内容はどうか？

　読解問題では，様々なテーマの長文が出題されている。本文の分量の多さが特徴の1つで，かなりの長文を読みこなすことが求められている。2024年度は，4題で合計3100語強，うち2題は900語を超える長文であった。なお，2023年度以前も同程度の長さで，1000語を超える長文も見られるので気をつけたい。

　英作文問題は，記述式の和文英訳が出題されている。短文ではあるが，英訳するのにひと工夫必要な問題が多いので注意したい。

03 難易度は？

　長文読解問題はここ数年やや高難度で推移している。設問そのものはそれほど難解ではなく，標準的な読解力が問われているが，本文が非常に長いので，内容をすばやく的確に掴めるかどうかがポイントとなる。また，空所補充問題は，かなり難度が高く，前後の内容を的確に把握する力が求められている。〔5〕では，空所補充のほか，本文やグラフの内容を読み取って日本語150字でまとめる力が求められており，やや難度高めである。英作文問題は，例年直訳が難しく，日本語を英訳しやすいように読み替える必要のある問題が多い。全体としては，やや難のレベルで，受験生の実力を的確にはかることのできる良問といえよう。

対 策

01 読解対策を第一に

　出題の中心は，なんといっても長文読解問題である。近年の長文の分量に対する試験時間は決して十分とはいえず，しっかりと対策を立てて準備をしておきたい。読解問題の攻略なくして合格はありえない。次の2点を対策としてすすめる。

① 読解問題のうち，文中の下線を引かれた語句に対する設問では，語彙

力を問うものも多いので，まずは各設問に目を通すことから始めよう。本文を読む上でのヒントになることも多い。英問英答形式の問題についても，設問は話の流れの順になっていることが多いので，同じく先に設問に目を通しておくことで，いくらか取り組みやすくなるだろう。長文を読みこなす上で大切なことは，一文一文の意味の理解をおろそかにしないことである。文単位の理解を前提としなければ，いくら速く読む練習をしても意味はない。単語や熟語の意味や用法をしっかり頭に入れ，できるだけ途中で立ち止まることなく読めるようになること，つまり精読の速度を上げることが肝要である。また，英文構造に注意しながら何度も音読し，英語を頭の中で日本語に変換することなく，英語でそのまま理解できる力を身につけたい。市販の長文問題集を使用する場合には，『大学入試 ぐんぐん読める英語長文』（教学社）のような文構造の解説が詳しいものや，音読用の音声が付いているものがよいだろう。

② 長文の空所補充問題が例年出題されている。この設問の場合は，文脈や，空所の前後で用いられている文法や熟語の知識が大切な要素になる。前後関係に気をつけながら的確に内容を把握し，読み進めていこう。

なお，長文を読み慣れていないうちは，『大学入試 ひと目でわかる英文読解』（教学社）などの英文解釈の参考書を1冊仕上げておくことも効果的である。

02 語彙力をつける

語彙力は，文法・語彙問題で必要なだけでなく，読解問題の本文を読むのにも必要である。次の2点を対策としてすすめる。

① 01で述べた読解問題の対策の際にチェックした単語・熟語は確実に覚えていくこと。何回も反復して確実に定着させよう。カードやノートにメモし，繰り返し復習しながら覚えるとよい。

② 『システム英単語』（駿台文庫）など，市販の単語・熟語集を利用してブラッシュアップに努めること。

03　記述問題の対策を

　記述問題については，初めから上手に解答を書けることはない。他の大学の過去問など，似た傾向の問題を利用してコツコツ練習を重ねていく必要がある。書いたものを添削してもらい，客観的な目で評価してもらった後，再度同じ問題について解答を書き直すということを繰り返すのが効果的である。

04　グラフ問題について

　〔5〕のグラフ問題については，英語読解力，グラフ読解力，そして日本語での記述力が必要であり，まさに総合力が試されているといえる。これらは一度にまとめて効率よく鍛えられるものではないので，それぞれの力を個別に磨いていくことを考えよう。英語以外のところでいえば，日ごろからグラフなどの統計資料に親しみ，また国語や小論文，総合問題などの問題にあたって日本語での記述力を養っておきたい。

　練習問題としては，それぞれ多少毛色は違うが，大学入学共通テストの第4問や，早稲田大学の政治経済学部「総合問題」や国際教養学部「英語」にも素材はある。各種の英語資格検定試験の問題をあたってもよいだろう。

― 青山学院大「英語」におすすめの参考書 ― Check!

- ✓ 『大学入試 ぐんぐん読める英語長文』（教学社）
- ✓ 『大学入試 ひと目でわかる英文読解』（教学社）
- ✓ 『システム英単語』（駿台文庫）

2024
年度

問題と解答

一般選抜（個別学部日程）：経営学部

問 題 編

▶試験科目・配点

方式	テスト区分	教　科	科目（出題範囲）	配点
A 方 式	大学入学 共通テスト	外　国　語	英語（リーディング，リスニング）	50 点
		国　　　語	国語	100 点
		地理歴史 または公民 または数学	日本史 B，世界史 B，地理 B，政治・経済， 「数学Ⅰ・A」，「数学Ⅱ・B」のうち 1 科目選 択	100 点
	独自問題	外　国　語	英語の長文読解を中心として基礎力・総合力 を問う問題（記述式問題を含む）	150 点
B 方 式	大学入学 共通テスト	外　国　語	英語（リーディング，リスニング）	50 点
		数　　　学	「数学Ⅰ・A」，「数学Ⅱ・B」	150 点
		地理歴史 または公民 または国語	日本史 B，世界史 B，地理 B，政治・経済， 国語のうち 1 科目選択	50 点
	独自問題	外　国　語	英語の長文読解を中心として基礎力・総合力 を問う問題（記述式問題を含む）	150 点

▶備　考

- 合否判定は総合点による。ただし，場合により特定科目の成績・調査書を考慮することもある。
- 大学入学共通テストの得点を上記の配点に換算する。英語の得点を扱う場合には，リーディング 100 点，リスニング 100 点の配点比率を変えずにそのまま合計して 200 点満点としたうえで，上記の配点に換算する。
- 大学入学共通テストの選択科目のうち複数を受験している場合は，高得点の 1 科目を合否判定に使用する。
- 試験日が異なる学部・学科・方式は併願ができ，さらに同一試験日であ

っても，「AM」と「PM」で異なる試験時間帯に実施される学部・学科・方式は併願ができる。

試　験　日	試験時間帯	学　部	学　科（方　式）
2 月 15 日	AM	経　　　営	経営（A・B） マーケティング（A・B）
	PM	総合文化政策	総合文化政策（B）

英　語

◀A方式・B方式▶

（90分）

問題 1　次の文章を読み，設問に答えなさい。

Have you heard the story of how a misunderstanding won World War Ⅱ?
<u>(1)</u>
It goes something like this: joining the Natural History Museum in London in
1926, Geoffrey Tandy was its first cryptogamist, which meant he specialized in
<u>(2)</u>
non-flowering plants like *kombu* and *wakame* seaweeds. When Tandy joined
the Royal Navy Reserve as a volunteer in 1939, the Ministry of Defence got a
bit more excited about him than he thought he deserved. To his surprise, he
was immediately sent to Bletchley Park, where the best minds in Britain were
hard at work trying to crack the code of Nazi Germany's Enigma machine.

Apparently, the ministry had assumed that Tandy was a cryptogrammist,
<u>(3)</u>
specialized in coded texts and therefore the ideal man to help Alan Turing and
the others to crack codes. They really had no use for a seaweed specialist. But
since the Bletchley operation was top secret, the army thought it best that
Tandy stayed there until the end of the war, contributing little to the war
effort. They couldn't have been more wrong.
<u>(4)</u>
One day in 1941, code books from a German U-boat arrived at Bletchley
Park. It could have been the lucky break they needed to break the codes, they
thought, but unfortunately the documents were too thoroughly wet to be
usable. If only they had someone at Bletchley who was specialized in
preserving and preparing wet samples. If only they had a cryptogamist
among all those cryptogrammists. Because of a misunderstanding, they were

in luck. Tandy knew exactly how to dry the paper safely. The documents were saved and their mysterious clues could be revealed by Turing and others more specialized in those tasks. Thanks to Geoffrey Tandy, the Allies could learn about German plans and communications and speed up the end of the war.

Or so the story goes. There are reasons to doubt some parts of it. Breaking codes as a science was basically invented during this period, so the chance of the army thinking they would have just come across a highly educated specialist they had never heard of seems slim. When the war broke out, the British had to build intelligence from scratch, and they recruited people from all corners of society. Tandy's education and skills in language, keeping records and doing analytic work makes him seem like the kind of person who would be very much in demand. No misunderstanding was needed to create an interest in him. And he did not waste his time doing crosswords; in fact, he led a bureau that tried to make sense of technical terms in foreign documents.

But no one has questioned that Tandy's skills in preserving marine samples suddenly took on a new and surprising significance. And this, rather than a potential misunderstanding, is the real story of Bletchley Park. The facility was so successful not （　X　） but （　Y　） it was filled with experts from a variety of different fields, each looking at the problems of other disciplines with their own eyes and tools, and therefore increasing their chance of creating new combinations and ideas. They came from fields like mathematics, statistics, chemistry, literature, foreign languages — and non-flowering plants.

Though top secret, Bletchley Park was the scene for an amazing demonstration of the power of open science. A modern version is InnoCentive, a platform for open innovation where participants can present difficult scientific and technological problems that trouble them, and offer a reward to the person who can solve them. It could be an electronics company struggling

2
0
2
4
年度

個別学部日程

英語

with an improvement to its manufacturing process or NASA needing help to predict the sun's activity. To date, almost 400,000 people from more than 190 countries have contributed, and the platform has awarded more than $20 million to successful solutions.

What is fascinating is that the success rate is around 75%. Complex problems that [can be solved / experts in an organization / for years / has a look / have troubled / quickly / the rest of the world / when]. The point is that you might be the smartest men or women in the room, but your room is small. By opening up the process, you can suddenly benefit from the knowledge and creativity of people you would otherwise only have met by chance.

Even more interesting is that this designed serendipity reveals that new ideas often come straight out of left field. A study of InnoCentive found that the further the target problem is from the solvers' fields of discipline, the more likely they are to solve it. Again, it is all about surprises and combinations. A person from a distant field can look at an old problem with fresh eyes, and apply ideas and methods that are novel in this context but well understood by him or her. A chemical problem was not solved by a chemist but by a molecular biologist. The problem of separating oil from water when frozen was solved by an outsider who was an expert in the cement industry. NASA's challenge was not solved by a space physicist but by a retired radio engineer.

Mankind has made so much progress because we innovate and we imitate. Just coming across new ideas and imitating whatever we see is a recipe for very slow progress. But we can speed this process up by creating systems and platforms where we search for new knowledge systematically, expose it to criticism, take the result into our body of knowledge, and apply it to our ways of doing things. Being open to other points of view and learning from other perspectives — whether from friends, rivals, cryptogamists or even colleagues — is essential to intellectual progress, because our confirmation bias always traps us in a very limited view of the world.

出典追記：Open: The Story Of Human Progress by Johan Norberg, Atlantic Books

1) 下線部でいう「物語」について，筆者の考えに最も近いのはどれか。

   1. うさん臭い話で，顧みるに値しない。

   2. 疑問視する声もあるが，事実である。

   3. 事実ではなさそうだが，そこから教訓は得られる。

2) 下線部の意味として最も適切なのはどれか。

   1. 隠花植物学者

   2. 生物兵器学者

   3. 料理人類学者

3) 下線部の意味として最も適切なのはどれか。

   1. 暗号学者

   2. 軍事学者

   3. 情報学者

4) 下線部の書き換えとして最も適切なものはどれか。

   1. wrong to think that Tandy was a cryptogamist

   2. wrong to think that Tandy would be of no use

   3. wrong to think that they had mistaken Tandy for a cryptogrammist

5) 空欄(X, Y)に入るべき語の最も適切な組み合わせはどれか。

   1. because, although

   2. despite, because

   3. only, although

6) [　]内を適切な語順に並べる場合，4番目に来るのはどれか。

   1. can be solved

   2. the rest of the world

   3. when

7) 下線部の意味として最も適切なのはどれか。

   1. from a liberal field

   2. from a little-studied field

   3. from an unexpected field

8) 下線部の意味として最も適切なのはどれか。

  1. 思い込み

  2. 差別意識

  3. 論理的思考

9) 本文の内容に合致するものはどれか。

  1. イノセンティブはブレッチリー・パークの後継機関として機能している。

  2. 第二次世界大戦時，ブレッチリー・パークはイギリスの諜報活動の拠点だった。

  3. ブレッチリー・パークでエニグマ機が開発された。

10) 本文から得られる教訓を表現したことわざはどれか。

  1. 石の上にも三年

  2. 三人寄れば文殊の知恵

  3. 仏の顔も三度まで

問題 2　次を英訳しなさい。（解答用紙（その 2 ）を使用すること）

  ことがうまく運んでいるとき，人は誰しも笑顔でいられる。真価を問われるのは挫折したときだ。

問題 3　次の文章を読み，設問に答えなさい。

The television show *Penn & Teller* took on the bottled water industry. They hired an actor to play a "water sommelier" at a first-class restaurant. His job was to present unsuspecting diners with a leather-bound menu of bottled waters with names like *Mount Fuji* and *L'eau du Robinet*, which cost up to $7 a bottle. He described the benefits of the various brands. If diners decided to buy any of the water, he poured it into their glasses, then set the rest of the bottle in an ice-filled wine bucket next to their table. He asked their opinions about the taste, and the diners agreed that their water had been clearly superior to tap water, describing them as "fresher" and "smoother." In fact, rather than having been bottled in exotic locations around the globe, all the apparently high-end water came from an outdoor tap behind the restaurant. *L'eau du Robinet* is just French for "tap water."

If you prefer bottled water because you believe it is cleaner than tap water, you wouldn't be alone. Nearly half of bottled water drinkers buy the product partly or only because of concerns about tap-water safety. They are motivated by images like the one on the bottles of Crystal Geyser Natural Alpine Spring Water. One side shows the unspoiled Ossipee Mountains while the other side says "Always bottled at the spring to ensure quality, taste, and freshness. THERE IS A DIFFERENCE." Nearly every bottled water label boasts of a product that is "pure," "fresh," or "natural," which is illustrated with images of mountains, springs, and other natural water sources in the wild. The implication is that any water not packaged in such a bottle is probably impure and unnatural, perhaps dangerously so. This advertising strategy has been enormously successful. In 1987, Americans drank 5.7 gallons of bottled water per year on average; 20 years later, that number soared to 27.6 gallons, which is higher than their average consumption of milk or beer.

Bottled water customers pay 1,000 times more on a per-gallon basis for the bottled water than they do for tap water. It turns out, however, that a quarter of bottled water brands are tap water, drawn from the same water sources that supply homes and public water taps. As for the rest, their labels are technically correct, but the products often fail to live up to implied promises. Poland Spring, for example, draws its water from man-made water sources, including one beneath a parking lot. Though these are "springs" by definition, they sure aren't found in the natural locations called to mind by the labels on the bottles.

We like to think that the free market functions in a way that protects us from inferior or unnecessary products. After all, if the individual brands are all competing with one another, then it seems logical that they must develop superior products that people need in order to succeed. And wouldn't you expect false or misleading advertising by one brand to be pointed out and challenged by a rival brand? Not when overlooking the "enemy" is more profitable than objecting to the whole idea behind the product that you are also selling. Different brands may even actively cooperate with one another when they are owned by the same megacorporation.

It turns out that San Pellegrino and Perrier are both owned by Nestlé, along with 28 other brands of bottled water. As a result, you won't see the same level of advertising competition between them as you do between Coke and Pepsi. This phenomenon is by no means limited to bottled water; the majority of the cereals in the supermarket are produced by either Kellogg's or General Mills, and the majority of beauty products can be traced back to either L'Oréal or Estée Lauder.

In almost every commercial arena, producers are combining, being taken over, or selling their brand names. The result is that these few megacorporations decide exactly how much variety their brands will offer, and it is not in their interest to create true variety. Rather, they aim to maximize differences in image, thereby creating the illusion of variety. A $1.30 bottle of

2024年度　個別学部日程　英語

Crystal Geyser contains water that comes from the same source as the water in a \$1 bottle of Whole Foods' 365 Organic Water brand, and in fact many store brands at the supermarket can be distinguished only by label. Generic drugs are cheaper than the name brands, even though they are sometimes made by the same company. For example, the drug Simvastatin is branded as Zocor by Merck, but the generic pills that are also made in Merck laboratories may feature the Merck logo and are sold in generic form through Dr. Reddy's Laboratories.

Even when the producers are not identical, they may still be more similar than we would expect. The Lancôme and Maybelline brands of cosmetics both belong to L'Oréal, despite having very different images and targeting different consumers. Their matte foundations, which are made in the same factories, are nearly identical in their composition, and there is no detectable difference in performance. When you buy Lancôme Magique Matte Soft-Matte Perfecting Mousse Makeup at \$37 instead of Maybelline New York's Dream Matte Mousse Foundation at \$8.99, you're paying for something other than quality.

Companies get away with this because they control not just a particular product but also its competing brands, making it very difficult for us to determine which differences are real and which are manufactured. We tend to assume that more expensive products are of higher quality; if a cheap product were just as effective, its makers wouldn't miss the chance to advertise this fact, would they? But when both brands are made by one company, it is more profitable to sell the same product under two different brands at different prices, fooling those with thicker wallets into paying more. Even though we may feel we have a wide variety of choices, we actually have far fewer qualitatively different options than we realize.
(B)

出典追記：The Art of Choosing by Sheena Iyengar, Little, Brown and Company

設問A

11) Which of the following was NOT an aim of the water sommelier in *Penn & Teller*?

   1. To investigate how easily people are influenced.

   2. To mislead customers.

   3. To provide customers with the best water.

12) Which of the following did the water sommelier NOT assume when he named one of the bottled waters *L'eau du Robinet*?

   1. French sounds more elegant.

   2. The diners did not know French.

   3. The label would inform the diners that it was tap water.

13) Which of the following is NOT a general assumption about bottled water?

   1. It is cheaper than tap water.

   2. It is cleaner than tap water.

   3. It is safer than tap water.

14) On average, how many times more bottled water did Americans consume in 2007 than in 1987?

   1. Almost five times.

   2. Around ten times.

   3. Nearly seven times.

15) What is the technical definition of the word spring?

   1. A place where bottled water is drawn from.

   2. A place where water comes up from the ground.

   3. A rural area where people can drink pure water.

16) Under what circumstances do false or misleading advertisements of brands go unchallenged?

   1. When competing brands are owned by the same megacorporation.

   2. When objecting to them is more profitable than overlooking them.

   3. When they are pointed out by a rival company.

17) Which of the following is implied from the passage?

   1. Coke and Pepsi are owned by different corporations.

   2. Coke and Pepsi sell better than bottled water.

   3. Coke and Pepsi should be owned by Nestlé.

18) Which of the following is true about Dr. Reddy's Laboratories?

   1. They exclusively sell name-brand drugs.

   2. They sell cheaper drugs than Merck.

   3. They sell higher-quality drugs than Merck.

19) Which of the following does the author mean by "manufactured" differences?

   1. Differences in image.

   2. Differences in price.

   3. Differences in quality.

20) Which of the following statements best agrees with the passage?

   1. Bottled water labeled *Mount Fuji* will have a cheap image.

   2. Lancôme Magique Matte Soft-Matte Perfecting Mousse Makeup is targeted for richer customers than Maybelline New York's Dream Matte Mousse Foundation.

   3. Penny wise and pound foolish.

設問B

下線部(B)を和訳しなさい。(**解答用紙(その2)を使用すること**)

問題 4 次の文章のカッコに入るべき最も適切な語を選びなさい。同じものを二回以上使ってはいけません。

The Yanomami, who live in the forested hill areas around the border between Brazil and Venezuela, (21) a unique pattern regarding village organization. They are horticulturalists, which means they practice a simple form of agriculture, and their most important working tool is the digging stick. Their form of production is called swidden agriculture, meaning that people (22) off the plants in an area before planting them in order to (23) the soil. A swidden plot of land may be used for a few years before the soil is temporarily so poor that people have to move on to a new area.

Also because of the danger of war with other villages, the Yanomami villages are changed quite often. In addition, they (24) short distances in order to be near the gardens they currently (25). Among the Yanomami, a garden has a life span of four to five years. In other words, their villages are much less permanent as physical structures than those of some other groups of people.

The Yanomami villages are, materially speaking, composed of a *shabono*, a single, large cottage which may (26) between 50 and 400 people. Most of the inhabitants are relatives. They practice a system of marriage that we would call bilateral cross-cousin marriage, which means that a young woman must marry a man who is recognized as her mother's brother's son or her father's sister's son.

The Yanomami have a relatively simple division of labor; it generally follows gender and age. The youngest and the oldest are not required to (27), while the women are mainly responsible for agricultural activities and only the men (28) in hunting. The village headman and the shaman are the highest authorities in the villages. Neither of these offices is passed from parent to child: they are achieved through outstanding personal qualities and through successfully competing for power with others.

　　Since the division of labor is rather simple, it might be thought an advantage for each household to (　29　) its own business independently. However, there are sound reasons for the Yanomami to (　30　) together in larger groups.　First, there are necessary tasks which have to be done together, such as hunting.　Second, the Yanomami are often involved in fights with their neighbors, and naturally there is both strength and security in numbers when they are regularly faced with this kind of situation.

1. burn	2. cultivate	3. engage	4. improve
5. move	6. represent	7. run	8. shelter
9. stick	0. work		

問題 5 次の文章は *The New York Times*, "Where Are Young People Most Optimistic?　In Poorer Nations." (2021) をもとに作成したものである。これを読んで設問に答えなさい。

　　Will the next generation do better than the one that came before?　To young people in wealthier nations, that dream of <u>upward mobility</u> seems more ₍₃₁₎ like a story about the past than modern-day reality, according to a large new survey taken in 21 countries in 2021.

　　In poorer countries, however, there is still hope that young people's lives will be better than those of their parents, and that the world is becoming a better place.

　　"In a lot of the developing world, there is a bit more <u>optimism</u> that with ₍₃₂₎ each generation our living standards are improving," said Laurence Chandy, from UNICEF, which conducted the survey with Gallup.　"But there's a recognition in the West that it has stopped happening."

　　The UNICEF-Gallup Changing Childhood Project survey was conducted by a telephone interview of 21,000 people in two age groups — people aged 15 to 24, and people aged 40 and older — and included nationally representative samples from all regions of the world.　The younger group said that children today were better off in basic ways, like education, health care and physical safety.　In the median country, 57% of them said the world was becoming a better place with each generation, compared with 39% of older people.

　　And the best part of being a young person today?　Technology, according to respondents in follow-up interviews.

　　"Young people these days have access to information and new technologies that other generations haven't even come close to having," said Victor Paganotto Carvalho Freitas, 24, from São Paulo, Brazil.　"With the emergence of the Internet, it is possible to learn different skills from within your bedroom."

In the six richest countries in the survey, about only one-third of young people said they thought today's children would be economically better off than their parents (**Figure 1**).

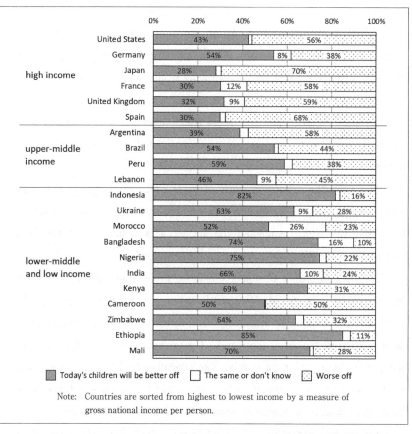

Figure 1. How 15- to 24-year-olds think today's children will compare with their parents economically

In low-income countries, though, about two-thirds of young people said they thought today's children would do better financially than their parents, especially in Africa and South Asia. They were also more likely than those in high- or middle-income countries to say the world was becoming a better place with each generation (**Figure 2**).

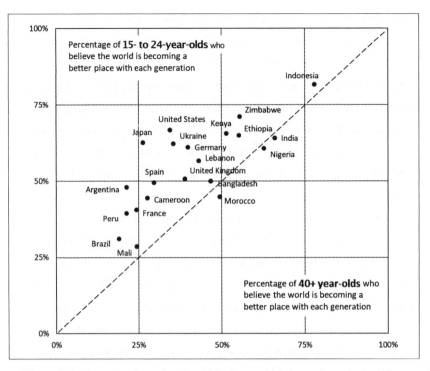

Figure 2. Percentage of people who think the world is becoming a better place

Improvements in living standards may be slowing for many in the Global North, said Sharlene Swartz, at the Human Sciences Research Council in Pretoria, South Africa, whose research focuses on young people. "But in almost all of the Global South, that is not true," she said. "Living standards (33) have been improved across the board. People have been lifted out of poverty. Malaria treatment, and HIV medication ― all those things are leading to people living longer lives."

Still, the optimism was not universal in the developing world.

"The worst parts are destroyed economics, negative effects of capitalism and climate change, which our generation will have to deal with," said Valeriia Drabych, 19, from Kyiv, Ukraine. "Desire for money, which our ancestors did

２０２４年度

個別学部日程

英語

not know how to overcome, brought us to the state we are in today."

In the West, particularly the United States, many young people surveyed said that not everyone is born at the same starting line, and that success is not entirely within their control. The American dream has often been defined as a belief that those who work hard will live a "better, richer and happier life," regardless of the circumstances in which they're born. But this generation appears to have doubts — which matches a recent economic finding that since
                                    (34)
1980, Americans are no longer likelier than not to earn more than their parents.

Young Americans still said hard work was most important to success, but the second largest share said it was family wealth or connections (**Figure 3**).
                                                        (35)
Young people in low- and middle-income countries were more likely to say that things within their control — education and hard work — were most important. In South America, India, and some African nations, they said education was the strongest factor in success. This was also the case in Germany, which was exceptional among rich countries in this way.

"We do not get to choose our families or social status, but that has never been an obstacle for anyone to succeed," said Lorraine Nduta, 21, from Nairobi, Kenya. "In fact, I think when you have less, it fuels you to seek more. The power to change any situation lies with us — hard work, consistency, and discipline."

In developing countries, there is an increasing priority on education as a way to move up; in the United States, universal education has existed longer, and higher education has become a dividing line, said Robert Blum, at Johns Hopkins University.

"In low- and middle-income countries," he said, "it's seen as: 'What's my ticket to doing better? I don't have many tickets. I don't have a family with wealth. My social capital is really limited. So, my ticket is going to be education if I have anything at all.'"

Throughout the world, the dream of a better life for the next generation persists, even if it's increasingly out of reach in certain places.

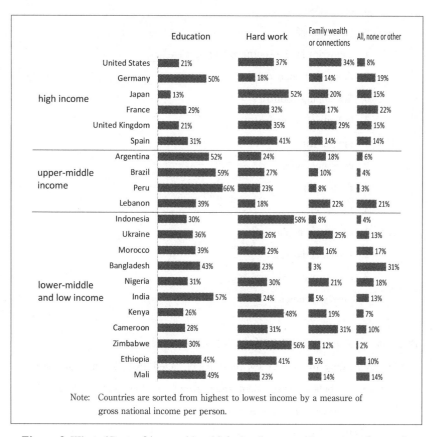

Figure 3. What 15- to 24-year-olds think is the most important factor in determining success

問 1 下線部の書き換えとして最も適切なものを選びなさい。

31) 1. becoming richer

2. flying in the sky

3. getting upset

4. going upstairs

32) 1. anxiousness

2. hopefulness

3. openness

4. restlessness

33) 1. countries in the southern half of the earth

2. developed countries

3. developing countries

4. industrial countries

34) 1. agrees with

2. competes with

3. deals with

4. fights with

35) 1. emerging businesses

2. school activities

3. social relationships

4. yearly incomes

問 2 カッコに入るべき最も適切なものを選びなさい。

36) According to the survey, most people aged 15 to 24 in high-income
countries believe that when they grow up, they will be financially
(   ) their parents now.

1. better off than

2. more independent than

3. the same as

4. worse off than

37) Of the countries surveyed, (   ) is the country where people
aged 15 to 24 are most positive about their ecomonic future.

1. Brazil

2. Ethiopia

3. India

4. Japan

38）According to the survey, people aged 15 to 24 are less likely than those aged 40 and older to think that the world is becoming a better place with each generation in （　　　）.

1. Japan

2. Morocco

3. Peru

4. the United States

39）According to the survey, Japanese aged 15 to 24 believe the key to their success is most strongly associated with their （　　　）.

1. academic history

2. family wealth and luck

3. political party affiliation

4. strong individual effort

40）According to the survey, people aged 15 to 24 in （　　　）believe that family social status is more important than education for their future success.

1. Argentina

2. France

3. Mali

4. the United Kingdom

問 3　次の問いに日本語で 150 字以内で答えなさい。

　　若年層が自分の将来について親よりも経済的に悪くなると考えている比率が高い上位 2 か国を，**Figure 1** から選び，国名を記述しなさい。その 2 か国の共通点と相違点を，**Figure 2** から読みとり，一つずつ説明しなさい。

　　なお，数字は 2 桁以上でも 1 マス内に記述しなさい。たとえば，「50 ％」は「50」，「％」をそれぞれ 1 マスに記述しなさい。（**解答用紙（その 3 ）を使用すること**）

解 答 編

① 解答　1）－3　2）－1　3）－1　4）－2　5）－2
　　　　　　6）－1　7）－3　8）－1　9）－2　10）－2

···················· 全訳 ····················

《正解にたどり着けるのは専門家とは限らない》

① ある誤解がいかにして第二次世界大戦に勝利したか，という話を耳にしたことがあるだろうか？　その経緯は以下のようなものである。ジェフリー＝タンディは，1926 年に，ロンドンの自然歴史博物館に初めての隠花植物学者として加わった。隠花植物学者とは，海藻の昆布やワカメのように，花を咲かせない植物を専門にしているという意味である。タンディが1939 年にイギリス海軍予備軍にボランティアとして参加したとき，防衛省は彼が自分自身にふさわしいと思っていた以上に彼を大喜びで迎えた。彼が驚いたことには，彼はただちにブレッチリー・パークに送られた。そこでは，イギリス屈指の頭脳の持ち主たちが，ナチスドイツの暗号機エニグマによる暗号を解読しようと奮闘していた。

② どうやら，防衛相は，タンディが暗号学者で，暗号化された文書を専門としており，ゆえにアラン＝チューリングと同僚たちが暗号を解読するのを補助するのに理想的な人物であると思っていたようだ。彼らには本当は海藻の専門家は必要なかったのだ。しかし，ブレッチリーの活動は極秘だったので，軍は，タンディが戦争への取り組みにはほとんど貢献できなくても，戦争が終わるまでそこにとどまることが最善だと考えた。彼らは大いに間違っていた。

③ 1941 年のある日，ドイツの U ボートからの暗号書がブレッチリー・パークに届いた。暗号を解読するために必要としていた幸運なチャンスかも

しれない，と彼らは考えたが，あいにくその文書はすっかり濡れてしまっていて，使えるような状態ではなかった。濡れた標本を保存したり準備したりすることを専門にしている人物がブレッチリーにいてくれさえすれば。暗号学者だらけの中に，隠花植物学者が一人でもいてくれさえすれば。1つの誤解をしたおかげで，彼らは幸運を手に入れた。タンディはその文書を安全に乾かす方法を的確に知っていた。文書は守られ，その種の仕事をより専門にしていたチューリングたちによって不可解な手掛かりが暴かれた。ジェフリー＝タンディのおかげで，連合軍はドイツの計画と情報のやり取りを知ることができ，戦争終結を早めたのである。

④　いや，話はまだ続く。話の一部には，疑うべき理由が存在する。科学としての暗号解読は，基本的にはこの時期に発明されたので，軍がそれまで聞いたこともない高等教育を受けた専門家を偶然見つけられると考える可能性はわずかしかないと思われる。戦争が勃発したとき，イギリス人は諜報機関をゼロから作らねばならず，社会の隅々から人を徴募した。タンディには教養と語学・記録保存・分析作業の技術があったので，彼は十分に需要のある種類の人物のように見えていた。彼に対する関心が生まれるのに誤解は必要なかった。また，彼はクロスワードパズルをして時間を無駄にすることもなかった。彼は，実は外国の文書の専門用語の意味を明らかにしようとする部署を率いていたのである。

⑤　しかし，タンディの海洋標本保存技術が急に新しく驚くべき重要性を帯びることになった点には，誰も疑問を感じていない。そしてこれが，誤解の可能性よりもむしろ，ブレッチリー・パークの真相である。その機関が非常にうまくいったのは，以下のことがあったにもかかわらずではなく，それがあったからこそであった。つまり，この機関が様々な異なる分野の専門家で満たされ，銘々が自分自身の目と道具で他分野の問題に目を向け，そうすることによって新しい組み合わせや発想を生み出すチャンスを増やしたのである。彼らは，数学，統計学，化学，文学，外国語——そして隠花植物も——などの分野の出身であった。

⑥　極秘ではあったが，ブレッチリー・パークは，開かれた科学の力を驚くほど証明するための舞台であった。現代版はイノセンティブ，開かれた革新のためのプラットフォームで，そこでは，参加者が自分を悩ませている難しい科学的，技術的問題を提示し，それを解決した人に報酬を与えるこ

とができる。それが製造過程の改善に悪戦苦闘している電子会社のことも
あれば，太陽の動きを予測する手助けを必要としている NASA のことも
ある。現在までのところ，190 カ国以上から 40 万人近くの人たちが貢献
し，そのプラットフォームは解決に成功したことに対して 2,000 万ドル以
上を授与している。

7　すばらしいのは成功率が 75％ほどもあるという点だ。ある組織の専門
家を長年悩ませてきた複雑な問題も，その世界以外の人が一目見るとたち
まち解決できてしまうこともある。要するに，あなたはその部屋の中で最
も頭のよい男性，もしくは女性かもしれないが，その部屋は狭いというこ
とだ。過程をオープンにすることで，あなたはたちまち他の人の知識と創
造力から恩恵を受けることができるようになる。その人たちは，過程をオ
ープンにしなければ偶然でしか出会えなかった人なのだ。

8　さらに興味深いのは，この意図された掘り出し作業が，新しい発想がし
ばしば奇抜な立場から生まれるということを明らかにしている点である。
イノセンティブによる研究でわかったのだが，目標とする問題が解答者の
学問分野から離れれば離れるほど，その解答者がその問題を解く可能性は
高くなるのである。加えて，驚きと組み合わせが全てである。離れた分野
の人は，昔からある問題でも新鮮な目で見て，この状況では奇抜なのだが
自分は十分に理解できている発想や方法を採用することができる。化学の
問題を解いたのは，化学者ではなく分子生物学者であった。氷結時の水か
ら油を分離する問題を解決したのは，セメント産業を専門とする部外者で
あった。NASA の難問を解決したのは，宇宙物理学者ではなく引退した
放射線技師だったのである。

9　人類がこんなにも進歩できたのは，我々が革新し模倣するからである。
新しい発想と出会い，目に映るものは何でも真似る，それだけで非常にゆ
っくりとした進歩の秘訣となる。しかし，我々は，システムやプラットフ
ォームを作り出し，そこで体系的に新しい知識を求め，それを批判にさら
し，その結果を我々の知識体系に取り入れ，それを実行方法に応用するこ
とで，この過程の速度を上げることができる。他の観点にオープンにする
ことと他の視点から学ぶこと——友人からであれ，ライバルからであれ，
隠花植物学者からであれ，もちろん同僚からであれ——は，知的進歩にと
って欠かせないものである。思い込みはいつも，我々を非常に限られた世

界観に陥れてしまうからだ。

===== 解 説 =====

1）「物語」の内容については，第 1 〜 3 段（Have you heard … of the war.）で説明されており，第 4・5 段（Or so the … non-flowering plants.）ではその物語の真偽が疑わしい，と述べられている。にもかかわらずこの文章が書かれたのは，そこに教訓とすべきものが存在するからである。よって 3 が最も適切である。1 ならばそもそも文章にする必要がないので不適。2 は事実であると断定しているので不適。

2） cryptogamist がどういう学問の研究者であるかは直後の which 以下で説明されている。「花を咲かせない植物を専門にしている」とあるので 1 が正解である。

3） cryptogrammist についても，直後の specialized 以下で説明されている。「暗号化された文書を専門としている」とあるので，1 が正解である。

4） 第 2 段第 2・3 文（They really had … the war effort.）に「軍には海藻の専門家は必要なく，タンディは戦争への取り組みにはほとんど貢献できないと考えられていた」という内容がある。しかし，第 3 段（One day in …）に，タンディは戦争の早期終結に貢献したという内容があるので，下線部を含む文「彼らは大いに間違っていた」の間違いとは，2.「タンディが役に立たないだろうと考えるという誤り」という意味になる。

1.「タンディが隠花植物学者だと考えるという誤り」

3.「タンディを暗号学者だと間違えたと思うという誤り」

5） 暗号解読に成功したという「事実」と，様々な分野の専門家が集められていたという「環境」の関係を考える。「環境」の内容は，一見「事実」にとっての障害（＝「にもかかわらず」）のように見えるが，実はこの「環境」のおかげ（＝「であったからこそ」）だった。この関係を示しているのは 2 の despite「にもかかわらず」，because「であったから」である。

6） 主節の構成として予想されるのは Complex problems can be solved「複雑な問題も解決できる」という形である。that は problems を先行詞とする関係代名詞だと考えると，これに続くと思われるのは have troubled で，さらにその目的語が experts … となり，継続の現在完了形に用いられる for years が続いて関係代名詞が導く部分が完成する。これ

に can be solved が続き，for years との対照で quickly がその後に置かれる。when は時を表す接続詞で，主語が the rest of the world，述語動詞が has a look で当該部分が完成する。正しい英文は (Complex problems that) have troubled experts in an organization for years can be solved quickly when the rest of the world has a look(.) となる。よって 4 番目に来るのは can be solved となり，1 が正解。

7） 下線部の left field は，「（通常とはかけ離れた）異常な立場」という意味である。つまりその問題に直接関係がないようなかけ離れた分野を指している。よって 3 の「予想もしなかった分野から」が最も適切である。left field の意味がわからなくても，第 1 〜 3 段（Have you heard … of the war.）のエピソードから類推可能である。1．「革新的な分野から」2．「ほとんど研究されていない分野から」

8） confirmation は「確認」，bias は「先入観」という意味なので，下線部は「先入観に基づいて誤った確認をすること」という意味になると考えられる。これに最も近いのは 1 である。

9） 1 のイノセンティブは，第 6 段第 2 文（A modern version …）でブレッチリー・パークの現代版と説明されているが，これはノウハウが生かされているという意味であり，イノセンティブが諜報活動を引き継いでいるということではないので不適。2 は第 1 段最終文（To his surprise, …）で述べられている内容に合致しているので，これが正解。同じ文でエニグマがナチスドイツのものであることも述べられているので，3 は不適。

10） それぞれのことわざの意味は，1．「辛抱すれば必ず成功する」，2．「平凡な者でも 3 人集まって相談すればよい知恵が出る」，3．「いかに温和な人でも，たびたび無法を加えられれば，しまいには怒り出す」となる。本文では，門外漢が難問を解決することもあるという教訓が述べられており，これに最も近い意味をもつことわざは 2 である。

2　**解答**　Everyone can smile when everything is going well. It is in a moment of failure that our true value is tested.

══════════ **解説** ══════════

和文英訳の問題では，与えられた日本語を直接英語に変換するのが難し

い場合が多い。意味を損ねない範囲で，自分が英語で表現できるような日本語に置き換えるようにするとよいだろう。「笑顔でいる」=「笑顔を保つ」ととらえ，keep a smile on *one's* face としてもよい。「ことがうまく運んでいる」=「万事うまくいっている」everything is going well 「〜するのは…だ」It is … that 〜 の強調構文を用いる。「挫折したとき」は「挫折の瞬間」a moment of failure としたり，または単に when we fail と表現してもよいだろう。「（〜の）真価を問われる」は「〜の本当の価値が試される」と言い換えて，*one's* true value is tested とできる。

　設問A．11)−3　12)−3　13)−1　14)−1
　　　　15)−2　16)−1　17)−1　18)−2　19)−1
20)−2

設問B．全訳下線部参照。

・・・・・・・・・・・・・・・・・・・・・・・・・・・・・・・・・・・・・・・ 全　訳 ・・・・・・・・・・・・・・・・・・・・・・・・・・・・・・・・・・・・・・・

《銘柄や広告に騙されている消費者》

1　テレビ番組の『ペン＆テラー』が，ボトルドウォーター産業を取り上げた。俳優を雇って一流レストランの「水ソムリエ」を演じさせたのである。彼の仕事は，疑いを持たないお客に，1本7ドルもする「富士山」や「ロー・デュ・ロビネ」といった名前が書かれたボトルドウォーターの革表紙のメニューを差し出すことであった。彼は様々な銘柄の長所を説明した。お客がその水のうちのどれかを買おうと決めた場合には，彼はグラスにその水を注ぎ，残りの水はテーブルの隣の氷が一杯のワインバケツにセットした。彼はお客に味についての意見を求め，お客は自分たちが選んだ水が明らかに水道水よりも優れていることに同意し，その水を「より新鮮な」とか「よりなめらかな」と評した。実は，その明らかに高級そうな水は全て，世界中の異国の場所で瓶詰めされたというよりもむしろ，そのレストランの裏の屋外の蛇口から汲まれたものだった。「ロー・デュ・ロビネ」は，まさに「水道水」という意味のフランス語なのである。

2　もしあなたが水道水よりも清潔であると信じているという理由でボトルドウォーターの方を好むとしたら，それはあなただけではない。ボトルドウォーター愛飲者のほぼ半数は，水道水の安全性への不安を理由の一部または全部としてその商品を買っている。彼らはクリスタルガイザー・アル

プス自然水のボトルにあるような画像によって，買う気にさせられている。ラベルの一方のサイドには手つかずのオシピー山脈があり，反対側には「品質，味，新鮮さを確保するために常に湧き水からボトルに詰めています。ここに違いがあります」と書かれている。ほぼ全てのボトルドウォーターのラベルが，「ピュア」とか「新鮮」とか「自然」な商品を自慢しており，そのことは山地や泉やその他手つかずの天然水源の画像で示されている。それが暗示しているのは，そういったボトルに詰められていない水はどんな水でも，十中八九，不純で自然の理に反するものであり，ひょっとしたら危険なほどにそうであるかもしれないということである。この広告戦略は非常にうまくいっている。1987年に，アメリカ国民は，ボトルドウォーターを1年あたり平均で5.7ガロン飲んでいる。20年後，その数字は27.6ガロンにまで跳ね上がっている。この数字は牛乳やビールの平均消費量よりも多いのである。

③　ボトルドウォーターを購入する人たちは，その水に対して，1ガロンあたりで水道水の1,000倍のお金を支払っている。しかしながら，ボトルウォーターの銘柄の4分の1は水道水で，家庭や公共の場所の水道に供給しているのと同じ水源から汲まれていることが明らかになっている。残りの銘柄については，そのラベルは厳密には正しいが，示された約束を商品が果たせていないことが多い。たとえば，ポーランド・スプリングは，人工の水源から水を汲んでおり，その水源には駐車場の真下の水源も含まれている。これらの水は定義としては「泉」だが，それらがボトルのラベルが思い起こさせるような天然の場所で見つかることは決してない。

④　我々は，自分たちを劣悪で不要な商品から守るように自由市場は機能するものだと考えたがる。そもそも，個々の銘柄全てが互いに競争しているのであれば，成功を勝ち取るために人々が必要とする優れた商品を開発しなければならないというのは論理的な感じがする。ならば，ある銘柄が間違っていたり誤解を招いたりするような広告をすれば，ライバルの銘柄に指摘され異議申し立てを受けるだろうと思わないだろうか？　自分たちも販売している商品の背後にあるアイデア全体に反対するよりも，「敵」を見逃す方が得になる場合は別である。いろいろな銘柄が同一の巨大企業に所有されている場合は，互いに積極的に協力し合うことすらあるかもしれない。

⑤　サンペレグリノとペリエは，ボトルドウォーターの他の28の銘柄ととも
　に，ネスレに所有されていることがわかっている。結果として，あなた
　がその2つの間でコークとペプシの間のそれと同じ程度の広告競争を目に
　することはないであろう。この現象は決してボトルドウォーターだけに限
　られたものではない。スーパーにあるシリアルの大多数は，ケロッグかジ
　ェネラルミルズのどちらかが生産しており，美容商品の大多数は元をたど
　ればロレアルかエスティローダーのどちらかに行き着く。

⑥　ほとんど全ての商業界で，生産者は合併したり，乗っ取られたり，商標
　名を売却したりしている。その結果，銘柄をどれくらい多様に供給するか
　は，これら少数の巨大企業が正確に決定することになる。そして，真の多
　様性を生み出すことは彼らの関心事ではない。それよりも，彼らは，イメ
　ージの違いを最大化させ，そうすることで多様性の幻想を作り出すことを
　目指している。1ドル30セントのクリスタルガイザーのボトルに入って
　いるのは，1ドルのホールフーズ365オーガニックウォーターのボトルに
　入っている水と同じ水源に由来する水である。実のところ，スーパーの店
　舗用銘柄の多くはラベルによってしか区別できない。ジェネリック薬はブ
　ランド薬よりも安いが，同じ会社が作っていることもある。たとえば，シ
　ンバスタチンという薬は，メルク社によってゾコールという銘柄名がつけ
　られているが，同じくメルク社の研究所で作られているジェネリック薬が，
　場合によってはメルクのロゴを冠して，ドクターレディーズ・ラボラトリ
　ーズからジェネリックとして販売されている。

⑦　生産者が特定できない場合であっても，それらはやはり予想以上に似通
　っている可能性がある。化粧品の銘柄であるランコムとメイベリンは，ど
　ちらもロレアル傘下であるが，にもかかわらず全く違ったイメージを持ち
　異なる購買者を対象にしている。両社のマットファンデーションは，同じ
　工場で生産されているのだが，その構造はほぼ同じで，効能の面でも見分
　けられるような違いはない。メイベリンのニューヨークドリーム・マット
　ムース・ファンデーションを8ドル99セントで買う代わりに，ランコム
　のマジックマット・ソフトマット・パーフェクティングムース・メイクア
　ップを37ドルで買うと，あなたは品質以外のものにお金を支払うことに
　なるのだ。

⑧　企業は単独の商品だけでなく，競合銘柄もコントロールしているので，

これをうまくやってのけており，どの違いが本物でどの違いが作られたものなのかを我々が特定するのは非常に難しい。我々は，より高価な商品の方がより高品質であると想定する傾向がある。つまり，もしも安価な商品にも同じような効果があるのなら，その商品のメーカーはこの事実を広告するチャンスを逃さないのではないか？　しかし，どちらの銘柄も同じ会社が製造しているときには，同一の商品を2つの別々の銘柄で異なる価格で売った方がよりもうかる。財布がより分厚い人たちを騙してより多く支払わせることになるからだ。<u>種々様々な選択肢があると感じているかもしれないが，実際には，品質的に差がある選択肢は，我々が思っているよりもはるかに少ないのである。</u>

===== 解　説 =====

設問A．11)　「以下のうち，『ペン＆テラー』の水ソムリエの目的でないものはどれか」

1．「人がどれほど影響を受けやすいかを調査すること」

2．「客を欺くこと」

3．「客に最高の水を提供すること」

　第1段（The television show …）参照。このテレビ番組が俳優に水ソムリエを演じさせた目的は，銘柄の影響力で客を欺いて，水道水をボトルドウォーターとして購入させることであった。したがって1と2はこの目的に合致する。最終的に水道水を提供しているので，3は合致しない。よって，正解は3となる。

12)　「以下のうち，ボトルドウォーターの1つを『ロー・デュ・ロビネ』と名づけたときに水ソムリエが想定しなかったことは何か」

1．「フランス語はより優雅に聞こえる」

2．「食事する人たちはフランス語を知らなかった」

3．「食事する人たちは，ラベルを見ればそれが水道水であるとわかるだろう」

　第1段最終文（*L'eau du Robinet* …）にある通り，「ロー・デュ・ロビネ」はフランス語で「水道水」という意味である。フランス語を用いたのは銘柄の高級さを強調するためであり，フランス語がわかる客には水道水であることを見抜かれてしまう。よって，1，2は想定しており，3は想定していなかったことがわかるので，正解は3となる。

13) 「以下のうち，ボトルドウォーターに関する一般的な想定でないもの
はどれか」
1.「水道水よりも安い」
2.「水道水よりも清潔である」
3.「水道水よりも安全である」
　第2段第1・2文（If you prefer … tap-water safety.）にあるように，
人々が水道水の代わりにボトルドウォーターを購入するのは，水道水より
も清潔で安全だと考えているからである。よって2と3は一般的な想定で
あると言える。一方，ボトルドウォーターの方が水道水よりも安いという
ことはあり得ないので，1は一般的な想定とは言えない。よって正解は1
である。

14) 「平均すると，1987年と比べて，2007年にはアメリカ国民は何倍の
量のボトルドウォーターを消費したか」
1.「ほぼ5倍」　2.「約10倍」　3.「ほぼ7倍」
　第2段最終文（In 1987, …）参照。1年間のボトルドウォーターの消費
量は，1987年が5.7ガロン，その20年後（2007年）が27.6ガロンであ
った。ほぼ5倍になっており，正解は1である。

15) 「spring という語の厳密な定義は何か」
1.「ボトルドウォーターの水が汲まれる場所」
2.「水が地下から湧き上がる場所」
3.「きれいな水を飲める田園地帯」
　spring は「春」や「ばね」以外に「泉」という意味があり，その語意
は2となる。

16) 「偽りや誤解を生む銘柄広告が，異議を唱えられずにすむのはどのよ
うな環境下か」
1.「競合銘柄が同一の巨大企業に所有されているとき」
2.「見過ごすよりも異議を唱える方がもうけになるとき」
3.「ライバルの企業から指摘されたとき」
　第4段第3・4文（And wouldn't you … are also selling.）に「ある銘
柄が間違っていたり誤解を招いたりするような広告をしたとしても，異議
を唱えるよりも見逃す方がライバル銘柄にとって得になる場合は，異議を
唱えられることはない」という内容があり，同段最終文（Different

brands may …）に「いろいろな銘柄が同一の巨大企業に所有されている場合は，互いに協力し合うこともあり得る」という内容がある。よって正解は1である。

17)「以下のうち，本文で示されているものはどれか」

1.「コークとペプシは異なる企業に所有されている」

2.「コークとペプシはボトルドウォーターよりもよく売れている」

3.「コークとペプシはネスレが所有すべきである」

　第5段第1・2文（It turns out … Coke and Pepsi.）参照。第1文で同じ巨大企業に所有されている2つの銘柄を挙げており，第2文でコークとペプシの場合とは状況が異なると述べられている。つまり，コークとペプシは同一企業の所有ではないということになる。この趣旨に合致しているのは1である。

18)「以下のうち，ドクターレディーズ・ラボラトリーズに関して正しいのはどれか」

1.「名の通った銘柄の薬を独占的に販売している」

2.「メルク社よりも安い薬を販売している」

3.「メルク社よりも高品質の薬を販売している」

　第6段最終文（For example, …）参照。ドクターレディーズ・ラボラトリーズが販売するのは，メルク社の薬のジェネリックである。同段第5文（Generic drugs are …）で「ジェネリック薬はブランド薬よりも安い」と述べられているので，正解は2となる。

19)「以下のうち，筆者が述べている『作られた』違いの意味はどれか」

1.「イメージの違い」　2.「価格の違い」　3.「品質の違い」

　第6段第2・3文（The result is … illusion of variety.）に「巨大企業は真の多様性を生み出すことには無関心で，イメージの違いを最大化させることで多様性の幻想を作り出すことを目指している」という内容がある。この「品質にほとんど違いはないがイメージの違いを最大化させた」商品の例として，水道水とボトルドウォーター，ジェネリック薬と正規薬，高級化粧品と安価な化粧品について，本文を通して述べられている。よって，正解は1である。

20)「以下の記述のうち，本文と意見が最も一致しているものはどれか」

1.「『富士山』のラベルがついたボトルドウォーターは，安っぽいイメー

ジをもつだろう」

2．「ランコムのマジックマット・ソフトマット・パーフェクティングムース・メイクアップは，メイベリンのニューヨークドリーム・マットムース・ファンデーションよりも裕福な客をターゲットにしている」

3．「安物買いの銭失い」

　第7段第2文（The Lancôme and …）に「ランコムとメイベリンは互いに異なる購買者を対象にしている」という内容があり，同段最終文（When you buy …）にはランコムの商品の方がメイベリンの同種の商品よりも高価であることが示されている。よって，2が正解。1は，「富士山」のラベルは清潔で安全なイメージを与え，安っぽくはならないので，不適。3は「安いものを買うと結局は損することになる」という意味だが，本文で述べられているのは，イメージに欺かれて実際の価値以上の値段をつけられたものを買うということなので，不適。

設問B．構文的にも語彙的にもそれほど難解ではなく，標準的な英語力があれば正解できるだろう。even though ～「たとえ～でも」　a wide variety of ～「種々様々な～」　far「（直後の比較級を強調して）はるかに～，ずっと～」　realize「理解する，悟る」

| 21－6 | 22－1 | 23－4 | 24－5 | 25－2 |
| 26－8 | 27－0 | 28－3 | 29－7 | 30－9 |

・・・・・・・・・・・・・・・・・・・・・・・・・・　全　訳　・・・・・・・・・・・・・・・・・・・・・・・・・・

《ヤノマミ族の共同体の構成》

① ヤノマミ族は，ブラジルとベネズエラの間の国境付近の森林丘陵地帯に暮らしているが，村の構成に関して独特な傾向を表している。彼らは，単純な形の農業を実践する園芸人で，彼らにとって最も大切な農機具は穴掘り用の棒である。彼らの生産形態は焼き畑農業と呼ばれるもので，それは土壌を改良するために，作物を栽培する前に一帯の植物を焼き払うことを意味する。焼き畑になった土地区画はおそらく数年間は利用され，その後一時的に土壌が痩せてしまうので，人々は新しい地域へと移動しなければならない。

② また，他の村と戦をする危険性のために，ヤノマミ族の村は非常に頻繁に変わる。加えて，自分たちが現在耕作している農園の近くにいるために，

彼らの移動は短距離である。ヤノマミ族の間では，１つの農園の寿命は４
～５年である。言い換えれば，彼らの村は物理的構造としては他の部族た
ちのそれよりも耐久性が劣っている。

③ 実質的な言い方をすれば，ヤノマミ族の村は，シャボノという単体の大
きな小屋で構成されていて，この小屋は50～400人を保護することができ
る。住人のほとんどは親戚である。彼らはいわゆるいとこ間の婚姻という
結婚システムを実践している。これは，若い女性は，自分の母親の兄弟の
息子か，父親の姉妹の息子と認められる男性と結婚しなければならないと
いう意味である。

④ ヤノマミ族は，労働を比較的単純に分けている。それは一般的には性別
と年齢に従っている。最年少と最年長の人間は働く必要がない。一方，女
性は主に農業活動に責任をもち，狩猟に携わるのは男性だけである。村長
とシャーマンは村で最高の権威者である。この役職はどちらも，親から子
供へと受け継がれるものではない。その役職は，個人の際立った資質によ
って，また他の者たちと権力を争って勝ち取ることによって，獲得される
のである。

⑤ 労働の分担がかなり単純なので，それぞれの家庭が独立して自分たちの
仕事を行う方が便利だと考えられるかもしれない。しかし，ヤノマミ族が
大きめの集団に一緒にいることには確かな理由がある。第一に，狩猟のよ
うに，一緒に行わなければならない必要な仕事があるからだ。第二に，ヤ
ノマミ族は隣接の部族との戦に巻き込まれることが多く，この種の状況に
頻繁に直面するときには，必然的に，人数の多い方が強さと安全性におい
て有利だからである。

===== 解 説 =====

21. 主語が The Yanomami，目的語が a unique pattern「独特な傾向」
であると想定されるので，最も適切な動詞は6の represent「～を象徴す
る，～を代表する」であると予想される。ただし，この空所については別
の選択肢も候補になり得るので，他の空所を埋めてから再考してもよいだ
ろう。

22. 直後に off が続いており，これと結びついて特定の意味を表している
と考えられる。また，目的語が the plants「植物」であること，この部分
が swidden agriculture「焼き畑農業」の説明であることを考えると，off

とともに「〜を焼き払う」の意味を作る1のburnが最も適切である。

23. 作物を栽培する前に焼き払いをする目的を説明している部分。目的語がthe soilであることを考えると，4のimprove「〜を改善する，（土地など）の生産性を高める」が最も適切である。

24. 直前の文に「村が非常に頻繁に変えられる」とあり，直後がshort distances「短距離」となっていることから，最も適切な動詞は5のmove「移動する」であると考えられる。

25. 空所は直前のthey currentlyとともにthe gardens「農園」を修飾している。つまり，theyが主語でthe gardensが目的語になっていると考えられる。よって最も適切な動詞は2のcultivate「〜を耕す」である。

26. この動詞の主語はwhichであるが，関係代名詞でcottageを指している。また，目的語はbetween 50 and 400 people「50〜400人」であることから，空所の動詞は「〜を収容する」に類する意味をもつものであると考えられる。最も適切な選択肢は8のshelter「〜を守る」である。

27. 空所の直後に「一方で，女性は農耕，男性は狩猟を行う」と続いていることから，空所を含む文の前半は，これと対になる内容であると考えられる。よって，0のwork「働く」を入れて，「最年少と最年長は働く必要はないが，一方で…」とするのが正解。

28. 直後のin huntingが最大のヒントとなる。当該文は，家族内での仕事の分担を述べているので，この部分もそれに関わる記述であると考えられる。3のengageはinを伴って「〜に携わる」という意味になるので，これが正解である。

29. 当該部分の意味は，「それぞれの家庭が独立して自分たちの仕事を〜する」となる。よって，最も適切な動詞は7のrun「営む，行う」である。run a business「商売をする」

30. 当該部分は，「ヤノマミ族が大きな集団で一緒にいる」という意味になる。したがって9のstick「留まる」が最も適切である。stick together「一緒にいる」

⑤ **解答** 問1．31)—1　32)—2　33)—3　34)—1
35)—3
問2．36)—4　37)—2　38)—2　39)—4　40)—4

問 3. 将来を悲観的に考えている上位 2 カ国は，70％の日本と 68％のスペインである。図 2 からわかる両者の共通点は，「世界は各世代に対してよい場所になりつつある」と考える 40 歳以上の世代の比率がほぼ同じ点である。相違点は，同じ質問への若年層の回答の比率の違いで，日本の約 60％に対して，スペインは約 50％になっている。（150 字以内）

・・・・・・・・・・・・・・・・・・・・・・・・・・・・・・・・・ **全訳** ・・・・・・・・・・・・・・・・・・・・・・・・・・・・・・・・・

《若者が抱く将来への期待感の違い》

① 今後の世代はこれまでの世代よりもうまくやれるだろうか？　2021 年に 21 カ国に対して行った大規模で新しい調査によると，裕福な国々の若者にとって上昇志向の夢は，現代の現実というよりも過去の物語に近いように思われる。

② しかし，それよりも貧しい国々では，若者の生活が親の生活よりも改善するだろう，そして世界はよりよい場所になっていくだろうという希望が依然としてある。

③ 「多くの途上国には，それぞれの世代で生活水準が改善するだろうという，少し楽観主義めいた考え方が存在します」とユニセフのローレンス＝シャンディは語った。ユニセフは，ギャラップと共同でその調査を実施したのだ。「しかし，西洋では，それは進行がストップしたと認識されています」

④ 「ユニセフとギャラップの子供時代を変えるプロジェクト」の調査は，2 つの年齢層——15～24 歳と 40 歳以上——の 21,000 人への電話インタビューによって行われ，世界中のあらゆる地域から国を代表するような抽出標本が集められた。若い方の層の意見は，現在の子供たちは，教育・健康管理・身体的安全などの基本的な点でよりよくなっているというものであった。中間に位置する国々では，若者層のうちの 57％が，世界はそれぞれの世代にとってよりよい場所になりつつあると答えた。一方，40 歳以上の層では 39％であった。

⑤ では，現在若者であるということの最もよい点とは何だろうか？　引き続き行われたインタビューの回答者によると，それは科学技術であった。

⑥ 「最近の若者たちは，他の世代が近寄ることすらできなかった情報や新しい技術を利用することができます」と，ブラジルのサンパウロに住む 24 歳のビクトール＝パガノット＝カルバリョ＝フレイタスは語った。「イ

ンターネットの出現のおかげで，寝室に居ながらにして様々な技能を習得することができます」

⑦　調査対象となった最も豊かな6カ国では，若者のうち，現在の子供たちが親の世代よりも経済的によりよくなると思うと答えたのはわずか3分の1ほどであった（**図1**）。

⑧　けれども，収入が低い国々では，若者のうちの3分の2ほどが，現在の子供たちは親の世代よりも財政的によくなると考えていると述べた。特にアフリカと南アジアの国々がそうであった。彼らはまた，高所得あるいは中所得の国々の若者よりも，世界はそれぞれの世代にとってよりよい場所になりつつあると答える傾向が大きかった（**図2**）。

⑨　生活水準の改善は，北の先進国の多くの国々では鈍化しているかもしれないと，南アフリカのプレトリアにある人間科学研究委員会のシャーレーン＝スウォーツは語った。この委員会の研究は若者に焦点を当てている。「しかし，南の途上国のほぼ全ての国々では，それは当てはまりません」と彼女は述べた。「生活水準は全域にわたって改善されてきました。人々は貧困から引き上げられています。マラリア治療とHIV医療——これらのこと全てが人々をもっと長生きさせてくれるでしょう」

⑩　それでも，途上国では楽観主義は普遍的なものではなかった。

⑪　「最悪の点は，経済破壊や資本主義の負の影響，気候変動などで，我々の世代はそれらに対処せねばならなくなるでしょう」と，ウクライナのキーウに住む19歳のバレリア＝ドラビッチは述べた。「お金への熱望，それをどのように克服するのか我々の祖先は知りませんでしたが，それは我々を今の状態に導いたのです」

⑫　西洋，特にアメリカでは，調査対象になった若者の多くが，全員が同じスタートラインで生まれてきた訳ではなく，成功できるかどうかは必ずしも自分たちの管轄内にあるとは限らないと答えた。アメリカンドリームはしばしば，しっかり働けば，生まれてきた環境とは関係なく，「よりよい，より豊かな，より幸福な生活」を送れるだろうと信じることであると定義されてきた。しかし，若者世代は疑念を抱いているようである——これは，1980年以来，アメリカ人はもはや親の世代以上にお金を稼げそうになくなっているという最近の経済学的発見と一致している。

⑬　それでも，アメリカの若者たちは，成功のために最も重要なのはしっか

り働くことだと答えたが，２番目を占めたのは家族の財産やコネであった（**図3**）。

⑭　収入が低いか中程度の国々の若者は，自分の管轄内にある事柄——教育やしっかり働くこと——が最も重要だと答える傾向があった。南アメリカ，インドおよびアフリカのいくつかの国では，教育が成功における最も強力な要因であると答えた。この点はドイツにも当てはまった。この点ではドイツは豊かな国の中では例外的であった。

⑮　「我々は家庭や社会的地位を選べるようになることはありませんが，そのことが誰かが成功するための障害にはなりませんでした」と語ったのはケニアのナイロビ出身の21歳のロレーヌ＝ンドゥタである。「実際，持っているものがより少ないときには，もっと求める心に火が点くと思います。どんな状況であれ，それを変える力——勤勉，一貫性，訓練——は私たちとともにあります」

⑯　途上国では，上昇していくための方法として，教育の優先度がその度合いを増している。アメリカでは，義務教育の期間が長くなっており，より高度の教育を受けるかどうかが分岐点になっていると，ジョンズ・ホプキンス大学のロバート＝ブラムは語った。

⑰　彼はこう言った。「収入が低いか中程度の国では，教育は以下のように見なされています。『私がよりうまくやっていくための切符は何だ？　私が持っている切符は多くはない。金持ちの家庭でもない。私の社会資本は限られている。だから，私が何かしらの切符を持っているとすれば，それは教育ということになるのだ』」

⑱　世界中で，これからの世代にとってよりよき生活を，という夢は存在し続ける。たとえそれが特定の場所ではどんどん手の届かないものになりつつあるとしても。

=======　解　説　=======

問1．31)　upward mobility は「上向きの流動性」という意味で，ここでは「生活水準の向上」を指している。これに最も近いのは1の「より金持ちになること」である。

2．「空を飛ぶこと」　3．「狼狽すること」　4．「階段を上がること」

32)　optimism は「楽観主義」という意味であるが，その内容は直後の that 以下で説明されている。すなわち，「将来生活水準が改善するだろ

う」という期待感をそう評しているのである。この考え方に最も近い意味をもつのは2の「希望に満ちていること」である。

1.「不安」 3.「率直さ」 4.「落ち着かないこと」

33) the Global South「グローバルサウス」とは，インドや南アフリカ，中南米のような，先進国（グローバルノース）よりも南に位置する新興国・途上国の総称である。よって3の「途上国」が最も適切である。

1.「南半球の国々」 2.「先進国」 4.「工業国」

34) match には，「～と調和する」「～に匹敵する」「～を対抗させる」以外に，「～と一致する」という意味もある。これは1の「～と一致する，～に同意する」とほぼ同じ意味で，これが正解となる。

2.「～と競争する」 3.「～を扱う」 4.「～と戦う」

35) connection には，「関係」「接続」「（交通機関などの）連絡」以外にも，「縁故，コネ」という意味もある。直前の family wealth「家族の財産」と並列になっていることから，この意味であると推測できる。よって3の「社会的な関係」が最も近い。

1.「新興の事業」 2.「学校の活動」 4.「年収」

問2. 36)「調査によると，高収入の国の15～24歳のほとんどの人は，大人になれば彼らは財政的に現在の親（　　　）になるだろうと信じている」

1.「よりもよい暮らし向き」 2.「よりも自立した状態」 3.「と同じ」 4.「よりも悪い暮らし向き」

　図1を参照。高収入の6カ国のうち，ドイツを除く5カ国で「悪くなる」という回答が最も多かったことがわかる。よって4が正解である。

37)「調査対象の国の中で，（　　　）は15～24歳の若者が経済的未来について最も前向きな国である」

1.「ブラジル」 2.「エチオピア」 3.「インド」 4.「日本」

　図1を参照。挙がっている全ての国の中で，「現在の子供たちの方が暮らしがよくなる」と答えた人が最も多かったのは，エチオピアの85%である（ブラジルは54%，インドは66%，日本は28%）。よって2が正解である。

38)「調査によると，（　　　）では，15～24歳の人たちは40歳以上の人たちと比べて，世界はそれぞれの世代に対してよりよい場所になりつつ

あると考える傾向が小さい」

1．「日本」　2．「モロッコ」　3．「ペルー」　4．「アメリカ」

　図2を参照。縦軸が15〜24歳の割合，横軸が40歳以上の割合なので，斜めの点線よりも下部にある国が設問文の内容に合致していることになる。よって正解は2のモロッコである。

39)「調査によると，15〜24歳の日本国民は，成功の秘訣は（　　　　）と最も強い関連があると信じている」

1．「学歴」　2．「家族の財産と運」　3．「政党所属」

4．「個人の強い努力」

　図3を参照。日本では，成功を決める最も重要な要因として最も割合が高かったのは「勤勉」の52%である。これは明らかに1，2，3ではなく，本人の努力に関わるものなので4が正解である。

40)「調査によると，（　　　　）の15〜24歳の人たちは，将来成功するためには教育よりも家族の社会的地位の方が重要だと信じている」

1．「アルゼンチン」　2．「フランス」　3．「マリ」　4．「イギリス」

　図3を参照。成功の要因として，Family wealth or connections の方が Education よりも割合が高い国を選べばよい。アルゼンチン，フランス，マリはいずれも教育の割合の方が高いが，イギリスは家族の財産やコネの方が高くなっている。よって4が正解となる。

問3. まず，**図1**より，若年層が自分の将来について親よりも経済的に悪くなると考えている比率が高い上位2カ国は，日本（70%）とスペイン（68%）である。次に，**図2**より，両者の共通点は，40歳以上の世代が世界はそれぞれの世代に対してよりよい場所になりつつあると考える比率が同じ点（どちらも約30%）である。また，相違点は同じ項目に対する若年層の比率（日本は約60%，スペインは約50%）である。これらを150字以内で論述する。なお，世代間のギャップという観点から見ると，日本もスペインも，若年層の方が中高年層よりも将来に期待する傾向があり，この認識に関する世代間のギャップは日本の方がスペインよりも大きい，と考えることもできるだろう。

講評

　2024年度は，大問5題の出題で，2021年度以降変わっていない。英文の分量や設問数およびその内容なども大きく変わってはいない。

　1は，第二次世界大戦中の暗号解読にまつわるエピソードを扱った950語程度の長文読解問題で，内容説明や空所補充，語句整序など，設問が最も多岐にわたっている大問である。したがって，文法・語彙を含めた総合的な英語力が問われている。

　2は和文英訳問題。英訳問題で最も重要なのは，与えられている日本語をそのまま英語にするのではなく，自分が英語で表現できるように日本語を変換することである。

　3は，消費者が銘柄や広告の影響を受けやすいという現象を取り上げた1000語程度の英文。英語の質問に対する英語の答えを選択する問題と，英文和訳を記述する問題という構成になっている。ほぼ本文の流れに沿って設問が並んでいるので，先に設問に目を通した上で本文を読んだ方が効率的であろう。

　4は，焼き畑農業で生活する部族を題材にした390語程度の英文である。全問動詞を補う空所補充問題となっている。同じ動詞を2回以上使えないので1対1の対応で埋めていくことになる。

　5は，将来の暮らし向きに関する意識調査を扱った830語程度の英文。同意表現を選ぶ問題と内容説明に関わる空所補充問題，さらに日本語記述による150字以内の内容説明で構成されている。グラフを読み取る力も問われている。

　長文読解問題の英文の分量や設問数を考えると，全体の難度はかなり高い。速読力養成のための準備を万全にしておく必要がある。

2023
年度

問題と解答

■一般選抜（個別学部日程）：経営学部

問題編

▶試験科目・配点

方式	テスト区分	教　科	科目（出題範囲）	配点
A 方 式	大学入学共通テスト	外 国 語	英語（リーディング，リスニング）	50 点
		国　　語	国語	100 点
		地理歴史または公民または数学	日本史 B，世界史 B，地理 B，政治・経済，「数学Ⅰ・A」，「数学Ⅱ・B」のうち 1 科目選択	100 点
	独自問題	外 国 語	英語の長文読解を中心として基礎力・総合力を問う問題（記述式問題を含む）	150 点
B 方 式	大学入学共通テスト	外 国 語	英語（リーディング，リスニング）	50 点
		数　　学	「数学Ⅰ・A」，「数学Ⅱ・B」	150 点
		地理歴史または公民または国語	日本史 B，世界史 B，地理 B，政治・経済，国語のうち 1 科目選択	50 点
	独自問題	外 国 語	英語の長文読解を中心として基礎力・総合力を問う問題（記述式問題を含む）	150 点

▶備　考

- 合否判定は総合点による。ただし，場合により特定科目の成績・調査書を考慮することもある。
- 大学入学共通テストの得点を上記の配点に換算する。英語の得点を扱う場合には，リーディング 100 点，リスニング 100 点の配点比率を変えずにそのまま合計して 200 点満点としたうえで，上記の配点に換算する。
- 大学入学共通テストの選択科目のうち複数を受験している場合は，高得点の 1 科目を合否判定に使用する。
- 試験日が異なる学部・学科・方式は併願ができ，さらに同一日に実施する試験であっても，「AM」と「PM」の各々で実施される場合は併願が

できる。

• 試験時間帯が同じ学部・学科・方式は併願できない。

試　験　日	試験時間帯	学　　部	学　科（方　式）
2 月 15 日	AM	経　　　　　営	経営（A・B） マーケティング（A・B）
	PM	総合文化政策	総合文化政策（B）

▦▦ ■ 英語 ■ ▦

◀ A 方式・B 方式 ▶

（90 分）

問題 1　次の文章を読み，設問に答えなさい。

The doorbell rang when David was taking a shower. Shower interrupted,
he threw on a T-shirt and shorts and ran downstairs, opening the front door to
a couple of teenagers waving their cell phones in his face. "Hey, you've got a
Pokémon in your backyard. It's ours! Okay if we go back there and catch it?"

"A what?" He had no idea what they were talking about, but he was
<u>about to get educated.</u>
(1)
David's doorbell rang four more times that evening: perfect strangers
eager for access to his yard and disgusted when he asked them to leave.
Throughout the days and evenings that followed, lots of Pokémon seekers
came to his front door, some of them (　2　) and others long past that
excuse. They held up their phones, pointing and shouting as they scanned his
house and garden for the virtual creatures. <u>Looking at this small slice of world
(B)
through their phones, they could see the Pokémon they were after but only at
the expense of everything else.</u> They could not see a family's home. Instead,
the game seized the house and the world around it, reinterpreting all of it in
the world of Pokémon. David wondered, *When will this end? What gives
them the right? Whom do I call to make this stop?*

Niantic, the company behind Pokémon Go, designed the game to be
"played" in the real world, not on a screen. The idea is that players should be

"going outside" for "adventures on foot" in the open spaces of cities, towns, and suburbs. The game is structured like a treasure hunt. Once you download the free application, you use GPS and your smartphone camera to hunt virtual creatures called Pokémon. The figures [appear / are located / as if / beside you / on your smartphone screen / they] in your real-life surroundings: a (3) complete stranger's backyard, a city street, a restaurant, a park, a drugstore. The ultimate goal is to capture all of the 151 Pokémon, but along the way players earn "experience points," rising to successive levels of experience. At level five, players can join one of three teams to battle Pokémon at sites referred to as "gyms."

Released in July 2016, Pokémon Go became the most downloaded and highest-earning application within only a week, quickly achieving as many active Android users as Twitter. More than 60 percent of the application's downloads were in daily use, and that translated into a daily average of about 43.5 minutes per user.

A remarkable pattern was slightly recognizable within days of the game's launch. A Virginia bar offered a discount to a Pokémon Go team; a tea shop in San Francisco offered a "buy one get one free" to the game's players. The owner of a pizza bar in New York paid about $10 for "Lure Modules," a virtual game item intended to attract Pokémon to a certain location, successfully producing virtual creatures on bar chairs and in bathroom stalls. During the first weekend of game play, the bar's sales shot up by 30 percent and later were reported to be 70 percent above average.

John Hanke, the CEO of Niantic, admitted to the *Financial Times* that in addition to "in-application payments" for game items, "there is a second component to our business model at Niantic, which is the concept of *sponsored locations*." He explained that this new revenue stream had always been in the plan, noting that companies will "pay us to be locations within the virtual game board," the promise being that it drives foot traffic. These sponsors, Hanke (4) explained, would be charged on a "cost per visit" basis.

For a while it seemed that everyone was making money. Niantic signed a deal with McDonald's to drive game users to its 30,000 Japanese outlets. A British mall owner commissioned "recharging teams" to walk around his malls with portable rechargers for game users. Starbucks announced that it would "join in with the fun," with 12,000 of its US stores becoming official "Pokéstops" or "gyms," along with a new "Pokémon Go Frappuccino ... the perfect treat for any Pokémon trainer on the go." Another deal with Sprint, a cell phone carrier, would convert its 10,500 retail and service outlets into Pokémon centers. A UK insurance company offered special coverage for mobile phones, warning, "Don't let accidental damage get in the way of catching them all." Disney planned to transform its toy business "in a direction similar to Pokémon Go."

The genius of Pokémon Go was to transform the game you see into a higher-order game, a game about a game. The players who took the city as their board, walking around its parks and restaurants, unknowingly constituted a totally different kind of human game board for this second and more significant game. The players in this other *real* game could not be found in the crowd of fans waving their phones in front of David's house. They drive them to eat, drink, and purchase in the restaurants, bars, and shops that pay to play in its behavioral futures markets. With this second game board in motion, the players in the real game compete to get close to the trail of cash that follows each smiling member of the crowd.

Pokémon Go attracts users into their business operations in which our personal experiences are packaged as a means to other people's ends. We are not the customers. Niantic's actual customers are the enterprises that trade in its markets for future behavior.

設問 A

1) 下線部の意味として最も適切なものはどれか。

　　1. becoming more and more skilled

出典追記：The Age of Surveillance Capitalism by Shoshana Zuboff, PublicAffairs

　　2．old enough to go to school

　　3．soon to learn

2）カッコに入るべき最も適切なものはどれか。

　　1．foreign

　　2．polite

　　3．young

3）└　┘内を適切な語順に並べる場合，3番目に来るものはどれか。

　　1．as if

　　2．beside you

　　3．on your smartphone screen

4）下線部の意味として最も適切なものはどれか。

　　1．出現するポケモンの数

　　2．徒歩での移動時間

　　3．ユーザーが作る人の流れ

5）本文で言及されるスポンサーのサービスに当てはまらないものはどれか。

　　1．自社の店舗にポケモンを出現させる。

　　2．携帯電話カバーを無料で配布する。

　　3．ユーザーに携帯電話の充電用の器具を提供する。

6）下線部が指示するのはどれか。

　　1．fans

　　2．phones

　　3．players

7）ポケモンGOのスポンサー料金の体系の記述として適切なものはどれか。

　　1．ダウンロード数に応じた変動制

　　2．定額制

　　3．来客数による従量課金制

8）下線部の意味として適切なものはどれか。

　　1．ナイアンティックの本当の顧客はゲームのユーザーではない。

　　2．無料ダウンロードのゲームで遊んでいる者は客とはいえない。

　　3．私たちは店に引き寄せられないかぎり客ではない。

9)　本文の内容に合致するものはどれか。

1.　デイビッドはポケモンGO のスポンサーである。

2.　ポケモンGO の主な収益源はアプリのダウンロードである。

3.　ポケモンGO のスポンサー収入は当初から予定されたものである。

10)　本文の題名として最も適切なものはどれか。

1.　CEO が語るポケモンGO 開発秘話

2.　ポケモンGO の人気の秘訣

3.　ポケモンGO のもう一つの顔

設問B

下線部(B)を和訳しなさい。（**解答用紙（その 2 ）を使用すること**）

問題 2　次の文を英訳しなさい。（**解答用紙（その 2 ）を使用すること**）

　私はいくつもの言語を話すが，ある言語から別の言語へ切り替えると，自分の人格も身振りも考え方も，すべてが変わるのを感じる。

問題 3　次の文章を読み，設問に答えなさい。

"Money's destiny is to become digital," declared the Organization for Economic Cooperation and Development back in 2002. And, indeed, in many developed countries today, cash is clearly in decline. In South Korea, just 20 percent of consumer transactions or dealings involve cash. In Canada, the figure is 29 percent. In Singapore and the Netherlands, it's around 40 percent. In the United States, it's roughly 50 percent. A December 2017 report from the Bank for International Settlements found that the number of cashless transactions around the globe has "at least doubled over the last 10 years across all countries."

Nowhere is the cashless movement further along than in Sweden. After a decade during which the country's financial sector made an effort to get people to adopt electronic payment methods, only 15 percent of financial transactions are now done with physical money. Many stores, along with buses and the Stockholm metro, no longer take cash. Most person-to-person payments are made by way of a mobile application called Swish, which lets you promptly send money from one bank account to another with a phone number. Even street-sellers have adopted Swish, and contrary to what you might assume, there isn't a large generational divide; at least half of Swedes over 60 use Swish.

While the drive to eliminate cash is fueled partly by capitalism's urge to remove waste from the system, it is also due to consumers' desire to make their lives easier. In Sweden, more than 4,000 people have had microchips implanted under their skin, which makes it possible for them to pay with the wave of a hand; it also brings us closer to a future as in the film *Minority Report* in which we're greeted with personalized advertisements and buying options as we walk down the street. That may sound too extreme. But without going that far, digital transactions requiring a simple card swipe or wave of a smart device are typically fast and efficient. And they make it easier, in principle, for people to track their spending, since there's a digital record.

Given that going cashless would seem to benefit most of us, how much longer do we have to wait until the revolution is complete? Maybe longer than you'd think. Interestingly, while people are using cash less frequently, the actual amount of cash in circulation has increased. There are more physical dollars (and most other paper currencies) in the world today than ever before. More than 60 percent of Americans regularly carry cash, perhaps because, as one recent consumer survey found, not having money in our wallets makes most of us anxious. Especially for small transactions, cash remains many people's payment method of choice. Why is that? Partly it's due to psychological and cultural factors, including our attachment to what's familiar and not wanting to have our options limited. Studies have shown that we actually have an emotional attachment to physical money.

The sense of security we associate with physical money stands in stark contrast to the increased exposure and invaded privacy that would inevitably accompany a cashless economy, in which every transaction is recorded. While that may be good for tracking your own spending habits, it also makes it easy for companies — and potentially governments — to track them too. Historically, consumers have been willing to give up a certain amount of privacy for convenience, but that bargain has soured in recent years as our every move on the Internet is tracked, analyzed, and sometimes resold for profit. In that light, cash can be appealing.

There are also technological barriers to the cashless takeover. Particularly in America, businesses have been slow to adopt cashless systems. Some are understandably anxious about the potential risk of hacking and cyberattacks, power grid failures, and outages in banking networks.

The fact is that a lot of economic activity around the globe is still conducted using cash, and not only in less developed regions. Wealthy Americans may not use cash to buy much, but many of the workers the wealthy employ — nannies, gardeners, housekeepers — are paid in cash.

Similarly, tips to hotel housekeepers, doormen, valets, and baristas are always in cash. Such transactions would be impossible in a fully cashless economy.

Another aspect of going cashless is the impact it would have on our spending habits. Precisely because cash gives us a feeling of security, handing it over is painful in a way that swiping a card or waving a phone is not. In one experiment, subjects had to buy a mug. Some used cash, others a debit card. Then the researchers offered to buy the mugs back. The people who had paid cash demanded, on average, almost twice as much for their mugs — suggesting that they valued them more highly. The essential idea here is that when we use cash, we are connected to — and are arguably more in control of — our spending.

When we use cards or other electronic forms of payment, we're less connected to the money we're spending, and that makes it easier to spend freely. One experiment involved an auction for tickets to sold-out basketball games. Half the buyers were told they could pay only with cash, and the other half could only pay with a credit card. On average, the credit card buyers bid more than twice as much money as the cash buyers.

Although it's impossible to say when total cashlessness will come to pass, we can imagine that when it does, we'll spend more freely and probably take on more debt. A cashless society will not be a utopia. Privacy and control will be sacrificed for convenience and ease. We will have a more efficient economy, but in some ways a more regulated one, with fewer ways to bend the rules. And we'll undoubtedly have a more distant, impersonal relationship to money.

| 設問 |

11) Which of the following is true?

1. A larger proportion of consumer transactions are conducted in cash in the Netherlands than in the United States.

2. In Canada, more than one-third of consumer transactions are carried out in cash.

3. One-fifth of consumer transactions in South Korea are made in cash.

12) Which of the following correctly describes Sweden?

1. Bus fares are paid for digitally but subway tickets are not.

2. Senior citizens are more resistant to electrical payments than younger generations.

3. The major shift from physical to electronic transactions took about ten years to happen.

13) Which of the following has most encouraged the digitalization of money?

1. Concerns about overspending.

2. The demand for promoting microchips.

3. The pursuit of efficiency and convenience.

14) How do people generally feel when they carry physical money?

1. Anxious.

2. Intelligent.

3. Secure.

15) What is a disadvantage for people who choose to use digital money?

1. Their income decreases.

2. Their privacy is at risk.

3. Their shopping history is harder to track.

16) Which of the following jobs would most likely be affected by the digitalization of money?

1. A waiter.

2. A wrestler.

3. A writer.

17) Why do some people in many countries still prefer to use coins and banknotes to digital money?

1. To protect their identity.

2. To receive better discounts.

　　3．To show off their wealth.

18) People who bought a mug by cash value it more highly than who?

　　1．People who bought one at a higher price.

　　2．People who bought one by a debit card.

　　3．People who feel attached to mugs.

19) Which of the following correctly describes shoppers' spending in a cashless society?

　　1．Cautious.

　　2．Elegant.

　　3．Generous.

20) Which of the following does NOT agree with the passage?

　　1．Although slowly, we are constantly approaching a cashless society.

　　2．Businesses are more eagerly anticipating a cashless society than consumers.

　　3．In a cashless society, the gap between the rich and the poor will widen.

問題 4　次の文章を読み，カッコに入るべき最も適切なものを選びなさい。同じもの
を二回以上使ってはいけません。

　　The day I met Hani Irmawati, she was a shy, seventeen-year-old girl standing alone in the parking lot of the international school in Indonesia, where I teach English.　The school is expensive and does not permit Indonesian students to enroll.　She (21) up to me and asked if I could help her improve her English.　I could tell it took immense courage for the young Indonesian girl in worn-out clothing to approach me and ask for my help.

　　"Why do you want to improve your English?" I asked her, fully expecting her to talk about finding a job in a local hotel.

　　"I want to go to an American university," she said with quiet confidence. Her idealistic dream made me want to cry.

　　I (22) to work with her after school each day on a volunteer basis. For the next several months, Hani woke up each morning at five and caught the city bus to her public school.　During the one-hour ride, she studied for her regular classes and prepared the English homework I had given her the day before.　At four o'clock in the afternoon, she arrived at my classroom, exhausted but ready to work.　With each passing day, as Hani struggled with college-level English, I (23) more fond of her.　She worked harder than most of my wealthy students.

　　Hani (24) in a two-room house with her parents and two brothers. Her parents were low-paid workers.　When I went to their home to meet them, I learned that their combined yearly income was 750 US dollars.　It wasn't sufficient to meet the expenses of even one month in an American university. Hani's enthusiasm was increasing with her language ability, but I was becoming more and more discouraged.

　　One morning, I (25) the announcement of a scholarship opportunity for a major American university.　I excitedly tore open the envelope and studied the requirements, but it wasn't long before I dropped the form in despair. It was impossible, I thought, for Hani to be qualified to apply. She had never led a club or organization, because in her school these things simply did not exist. She had no guidance counselor and no impressive standardized test scores, because there were no such tests for her to take.

She was, however, more determined than any student I'd ever seen. When Hani came into the classroom that day, I told her of the scholarship. I also told her that I believed there was no way for her to apply. I encouraged her to be, as I put it, "realistic" about her future and not to plan so strongly on going to America. Even after my discouraging lecture, Hani （　26　） unchanged in her determination.

"Will you send in my name?" she asked.

I didn't have the heart to turn her down. I completed the application, filling in each blank with the painful truth about her academic life, but also with my praise of her courage and her hard work. I sealed up the envelope and told Hani her chances for acceptance （　27　） somewhere between slim and none.

In the weeks that （　28　）, Hani increased her study of English, and I arranged for her to take the Test of English Fluency in Jakarta. The entire computerized test would be an enormous challenge for someone who had never before （　29　） a computer. For two weeks, we studied computer parts and how they worked. Then, just before Hani went to Jakarta, she received a letter from the scholarship association. What a cruel time for the rejection to arrive, I thought. Trying to prepare her for disappointment, I opened the letter and began to read it to her. She had been accepted.

I leaped about the room delightedly, shocked. Hani stood by, smiling quietly, but almost certainly puzzled by my surprise. The image of her face in that moment came back to me time and time again in the following week. I finally realized that it was I who had （　30　） something Hani had known from the beginning: It is not intelligence alone that brings success, but also the drive to succeed, the commitment to work hard and the courage to believe in

出典追記：Chicken Soup for the College Soul by Jack Canfield, Mark Victor Hansen, Kimberly Kirberger, Dan Clark and James Malinchak, Chicken Soup for the Soul Publishing yourself.

1. agreed　　　2. followed　　　3. grew　　　4. learned

5. lived　　　6. ranged　　　7. received　　　8. remained

9. touched　　　0. walked

問題 5　以下の文章と図表は，デロイト社が 2022 年に発表した調査報告書をもとに作成したものである。ただし，文中のデータはすべて 2020 年の状況を示している。これを読んで設問に答えなさい。

著作権の都合上，省略。

2022 Digital media trends, 16th edition: Toward the metaverse, Deloitte on March 28, 2022 by Jeff Loucks, Kevin Westcott, Jana Arbanas, Chris Arkenberg, Brooke Auxier, and Kevin Downs

著作権の都合上，省略。

著作権の都合上，省略。

著作権の都合上，省略。

Figure 1. Changes to paid SVOD services（percentage of US consumers）

著作権の都合上，省略。

Figure 2. Cancellation and resubscription of SVOD within the last 12 months
　　　（percentage of consumers）

著作権の都合上，省略。

Figure 3. Consumer preferences for a new SVOD service model（percentage of consumers）

問 1　下線部の書き換えとして最も適切なものを選びなさい。

31）　1.　busier

　　　2.　happier

　　　3.　richer

　　　4.　smarter

32）　1.　received

　　　2.　reflected

　　　3.　restricted

　　　4.　revived

33）　1.　continental

　　　2.　digital

　　　3.　essential

　　　4.　partial

34）　1.　unexpected

　　　2.　unfinished

　　　3.　unprepared

　　　　4．unsatisfied

35)　1．create

　　　2．heal

　　　3．limit

　　　4．support

問 2　カッコに入るべき最も適切なものを選びなさい。

36)　The growth of SVOD has enabled consumers to watch programs
　　（　　　）．

　　　1．more interesting in content

　　　2．more suited to their preferences

　　　3．with less individual effort

　　　4．with less money

37)　The churn rate for SVOD services in the U.S. is lowest among people
　　from the （　　　） age group.

　　　1．Boomer

　　　2．Generation X

　　　3．Generation Z

　　　4．Mature

38)　（　　　） is the only country surveyed where Millennials are more
　　likely than the other age groups to return to the SVOD service they
　　once cancelled.

　　　1．Brazil

　　　2．Germany

　　　3．Japan

　　　4．The U.S.

39)　Younger generations are more likely to cancel a SVOD service
　　subscription based on the （　　　）．

　　　1．customer service

　　　2．number of subscribers

3. price of the service

4. quality of content

40）It would NOT be an effective pricing policy to （   ）.

1. charge younger subscribers more than older subscribers

2. give access to ad-free movies to those who pay extra money

3. offer more programs at a higher price and fewer programs at a lower price

4. show newly released films only to subscribers willing to pay more

問 3　次の問いに日本語 150 字以内で答えなさい。

　　Figure 3 には SVOD の広告と料金に関する消費者の嗜好が示されている。消費者の嗜好がアメリカ合衆国と最も異なる国をひとつ取り上げ，その国における消費者の嗜好の特徴について，調査結果の数値を用いて説明しなさい。なお，数値は 1 マス内に記述すること（例：50 ％と書く場合，「50」を 1 マス内に記述する）。**(解答用紙（その 3 ）を使用すること)**

解答編

■英語■

1 解答
設問A. 1)－3　2)－3　3)－1　4)－3
5)－2　6)－3　7)－3　8)－1　9)－3
10)－3

設問B. 全訳下線部参照。

◆全　訳◆

≪ポケモンGOのもう一つの顔≫

　デイビッドがシャワーを浴びていると，玄関のベルが鳴った。彼はシャワーを中断し，さっとTシャツを着て短パンをはき階段を下りた。そして彼の目の前で携帯電話を振っている10代の数人の若者に対して玄関のドアを開けた。「ねえ，君，裏庭にポケモンがいるだろ？　僕たちのだ。僕たちがそこに行って捕まえてもいいかな？」

　「何だって？」　彼らが何の話をしているのか，彼にはわからなかったが，まもなく理解することになった。

　その晩，デイビッドの家のベルはさらに4回鳴った。見ず知らずの人たちが，彼の家の庭に入りたがり，彼が帰ってほしいと求めるとむっとした。その後は昼も晩も，ポケモンを探している人が数多く彼の家の玄関にやって来た。彼らの中には若者もいれば，その言い訳をとっくに過ぎた人たちもいた。彼らは携帯電話をかざし，仮想の生物を求めて彼の家や庭を調べながら，指さしたり大声を上げたりしていた。携帯電話を通してこの小さく切り取られた世界を見て，彼らは自分たちが求めているポケモンを見ることができたが，それは他のあらゆることを犠牲にしているということだった。彼らには家族の家が目に入らなかった。そうではなく，ゲームがその家と周囲の世界を牛耳り，それを全てポケモンの世界に再解釈していた。デイビッドは思った。「これはいつ終わるのだろう？　彼らに何の権利があるんだ？　これを終わらせるには誰に電話すればいいのだろう？」

　ポケモン GO のバックにいる会社のナイアンティックは，このゲームを
画面上ではなく現実の世界で「プレイ」してもらえるように設計した。そ
のアイデアは，プレイヤーたちが市や町や郊外の開放された場所で「徒歩
で冒険する」ために「屋外に出る」べきであるというものだ。ゲームは宝
探しのように作られている。無料のアプリをダウンロードすれば，GPS
とスマホのカメラを使ってポケモンと呼ばれる仮想の生物を追跡すること
ができる。ポケモンたちは，あたかもあなたの現実生活の環境——全く知
らない人の家の裏庭，街の通り，レストラン，公園，ドラッグストアなど
——の中であなたのそばにいるかのように，スマホの画面に登場する。最
終のゴールは 151 体のポケモンを全て捕獲することだが，プレイヤーは途
中で『経験値』を稼ぎ，次の経験レベルへと上がっていく。レベル 5 では，
プレイヤーは 3 つあるチームのうちの 1 つに加わって，『ジム』と称され
る場所でポケモンと戦うことができる。

　ポケモン GO は 2016 年の 7 月にリリースされ，わずか 1 週間で最もダ
ウンロード数が多く最も収益性の高いアプリになり，あっという間にツイ
ッターと同じくらい多くのアンドロイドのアクティブユーザーを獲得した。
アプリのダウンロードの 60 パーセント以上が毎日利用される状態で，言
い換えるとユーザー 1 人当たり毎日平均約 43.5 分利用されていることに
なる。

　ゲーム発売から数日間，目立った傾向がわずかに認められた。バージニ
アのあるバーでは，ポケモン GO のチームに割引を提供した。サンフラン
シスコの喫茶店では，ゲームのプレイヤーに『1 つ買うと 1 つ無料』のサ
ービスを提供した。ニューヨークのあるピザ店のオーナーは，『ルアーモ
ジュール』（ポケモンを特定の場所に引き寄せることを意図した仮想ゲー
ムのアイテム）に 10 ドルほどを支払い，仮想生物を店内の椅子やトイレ
の個室に登場させることに成功した。ゲームがプレイされ始めて最初の週
末の間に，その店の売り上げは 30 パーセント急上昇し，その後平均を 70
パーセント上回ったと報告された。

　ナイアンティックの CEO のジョン＝ハンケは，フィナンシャル・タイ
ムズに対して以下のことを認めた。ゲームのアイテムに対する「アプリ内
の支払い」に加えて，「ナイアンティックの我々のビジネスモデルには第
2 の構成要素が存在します。それはスポンサー付きの場所という考えで

す」　彼の説明によると，この新しい収入源は常に計画の中にあり，企業は「その仮想ゲーム内の場所になるためにお金を支払うだろう」と指摘した。歩く人の流れが生じることが約束されるからである。これらの企業は「訪問当たりの代価」を請求されるだろうとハンケは説明した。

　しばらくの間は，誰もがお金を稼ぐだろうと思われた。ナイアンティックは，ゲームユーザーを日本にある 3 万店の支店に送り込むというマクドナルドとの契約にサインした。イギリスのショッピングモールのオーナーは，『充電チーム』に命じてゲームユーザー用のポータブル充電器を持たせてモール中を歩き回らせた。スターバックスは，「参加して楽しむ」と発表した。それは，新商品の『ポケモン GO フラペチーノ』（ポケモン GO をするトレーナーなら，誰にとっても申し分のないごちそう）に加えて，アメリカ国内の 12,000 の店舗が公式の『ポケストップ』または『ジム』になるというものであった。携帯電話の通信事業者スプリントとの別の契約では，その 10,500 の小売サービス店舗をポケモンセンターに変えた。イギリスの保険会社は携帯電話のための特別補償を提供し，こう警告した。「ポケモンを捕獲しつくす途中で事故による損害を起こさないように」　ディズニーは玩具事業を『ポケモン GO に似た方向へ』転換する計画を立てた。

　ポケモン GO の非凡な点は，あなたが目にするゲームをより高次元のゲーム，ゲームに関するゲームに変えたことであった。市街地を自分の舞台ととらえたプレイヤーたちは，公園やレストランを歩き回り，知らないうちに，この第二のより重要なゲームのための全く違う種類の人間ゲームボードを作り上げていたのである。この別の，「現実の」ゲームのプレイヤーは，デイビッドの家の玄関でスマホを振っていたファンの集団の中には見出されなかった。彼らは，その行動先物市場でプレイするためにお金を払っているレストランやバーや店舗で飲食や購買をするようプレイヤーを駆り立てるのである。進行中のこの第二のゲームボードを使って，現実のゲームのプレイヤーたちは集団の中の微笑んでいる人たち 1 人 1 人の後に続く金の流れへ近づくことを競うのである。

　ポケモン GO は，我々の個人的な体験が他の人たちの目的に対する手段としてパッケージ化されたビジネス活動にユーザーを引き込む。本当の客は我々ではない。ナイアンティックの本当の客は，将来の行動のためにナ

イアンティックの市場で取引している企業なのだ。

■■■■■■■◀解　説▶■■■■■■■

設問A. 1）be about to *do* は「（まさに）〜しようとしている」の意味で，近い未来を表す。当該文の前半部分に「わからなかった」とあり，but でつながれていることから，「わかった」というような意味になると推測できる。get educated は，本来は「教育を受ける」だが，ここでは「知る，理解する」という意味であろう。以上のことから，正解は3.「まもなく知ることになった」である。1.「どんどん熟練しつつあった」　2.「学校に通える年齢だった」

2）当該部分は「彼らの中には…な人もいれば，その言い訳をとっくに過ぎた人たちもいた」となる。つまり，「そのような行動をする言い訳ができる状態をとっくに過ぎた」と対照的な語が入ると考えられる。よって，3.「若い」が最も適切である。1.「外国の」　2.「礼儀正しい」

3）直前の The figures（ポケモンと呼ばれる仮想生物）がこの文の主語だと考えられるので，これに対応する述語動詞は appear「現れる」となり，さらに副詞句の on your smartphone screen が続く。この後は as if が接続詞として働き，they are located を主語・動詞として導く。最後に beside you「あなたのそばに」がきて並べ替えは完結する。正しい順序は（The figures）appear / on your smartphone screen / as if / they / are located / beside you（in your real-life surroundings:）となり，3番目には1. as if がくる。

4）foot traffic は直訳すると「足（徒歩）の流れ」，つまり「歩いている人たちの流れ」となる。ここでは，歩いている人たちとはポケモン GO のユーザーのことだと考えられるので，最も適切なのは3となる。

5）第6段第3文（The owner of…）に「仮想生物（ポケモン）を店内の椅子やトイレの個室に登場させることに成功した」とあるので，1は当てはまる。また，第8段第3文（A British mall…）に「（充電チームに）ポータブル充電器を持たせてモール中を歩き回らせた」とあるので，3も当てはまる。2に合致する記述はないので，当てはまらないのは2である。

6）当該箇所の They drive them to eat, … は，「They は them を駆り立てて，飲食や購買をさせる」という意味である。つまり，them はポケモン GO のアプリのプレイヤーである。They は前文（The players in…）

の「現実の」ゲーム，第二のより重要なゲームのプレイヤー（スポンサーたち）のことである。よって，3 の players が最も適切である。

7）第 7 段最終文（These sponsors, Hanke …）に "cost per visit"「訪問当たりの代価」と説明されているように，ユーザーが訪問した回数に応じてスポンサー料金が決まるのである。よって，3 が正解。

8）当該文を直訳すると「我々は客ではない」となるが，直後の文（Niantic's actual customers …）「ナイアンティックの本当の客は…企業なのだ」の意味を考えると，「我々（ゲームアプリのプレイヤー）が本当の客なのではない」という趣旨の文であろうと考えられる。よって，最も適切なものは 1 である。

9）第 1 ～ 3 段（The doorbell rang … *make this stop*?）にあるように，デイビッドは一般の人であってスポンサーではない。よって，1 は不適。また，アプリのダウンロードがポケモン GO の主な収益源であるという記述はない。よって，2 も不適。第 7 段第 2 文（He explained that …）では，「この新しい収入源は常に計画の中にあった」と述べられており，3 はこの部分と合致しているので，これが正解。

10）ポケモン GO の開発については説明がないので，1 は不適。ポケモン GO が人気を博していることは述べられているものの，その秘訣については詳しい記述がないので，2 も不適。本文で強調されているのは，ゲームアプリのポケモン GO が他の方法で収益を上げているという点である。これに合致しているのは 3 である。

設問B．冒頭の Looking は分詞構文。ここでは「～しながら」という意味で付帯状況を表している。after は「～を求めて，探して」の意味で，they were after は直前の the Pokémon を後置修飾している。at the expense of ～「～を犠牲にして」

2 **解答** I speak many languages. When I switch from one language to another, I find that everything about myself, including my character, gestures, and ways of thinking, changes.

◀解　説▶

「いくつもの言語」の言語は，英語や日本語などの個別言語のことなの

で，複数形を用いる。「切り替える」は動詞 switch を使い，「ある言語から別の言語へ」は one と another を使う。後半部分は「自分の人格，身振り，考え方を含むあらゆるもの」と変換すると，including で始まる挿入句が使えるとわかる。

3 解答
11)－3　12)－3　13)－3　14)－3　15)－2
16)－1　17)－1　18)－2　19)－3　20)－2

◆全　訳◆

≪キャッシュレス時代は到来するのか？≫

「お金はデジタル化する運命にある」　遡ること 2002 年に，経済協力開発機構はこう断言した。確かに，現在多くの先進国では，現金は明らかに減少しつつある。韓国では，取引や売買で消費者が現金を使う割合はわずか 20 パーセントである。カナダではその数字は 29 パーセントである。シンガポールやオランダでは 40 パーセントほどになる。アメリカではざっと 50 パーセントだ。国際決済銀行の 2017 年 12 月の報告では，世界中のキャッシュレス決済の数は「全ての国にわたってこの 10 年間で少なくとも倍になっている」ことがわかった。

キャッシュレスの動きがスウェーデンほど進んでいる国は他にない。この国の財政部門が国民に電子決済を採用させる努力をした 10 年の後，今では現金で金銭取引が行われている割合はわずか 15 パーセントである。バスとストックホルム地下鉄に加えて，多くの店舗がもう現金を取り扱っていない。対人の支払いのほとんどがスウィッシュと呼ばれるスマホアプリによって行われているが，これによってある銀行口座から別の銀行口座に電話番号を使って即座に送金できるのである。露天商さえもスウィッシュを採用しており，あなたの憶測に反して世代間の大きな隔たりはない。60 歳以上のスウェーデン人の少なくとも半数がスウィッシュを利用している。

現金を排除していく動きは，一部にはシステムから無駄を除きたい資本主義の欲望によって促進されているけれども，生活を簡便にしたい消費者の願望によるものでもある。スウェーデンでは，4,000 人以上の人の皮下にマイクロチップが埋め込まれていて，手を振るだけで支払いができるようになっている。それによってまた我々は映画『マイノリティ・リポー

ト』（この映画では人々が通りを歩きながら個人向けの広告に迎えられ，選んだものを購入している）に出てくるような未来により接近するのである。それはあまりにも極端に聞こえるかもしれない。しかし，そこまでではなくても，カードを通したりスマート機器をかざしたりすることしか必要としないデジタル決済は一般的に速くて効率的である。また，原則的にはそちらの方が，人々が自分の消費を調べるのが容易になる。デジタル記録が残るからである。

　キャッシュレスを進めることがほとんどの人間に利益を与えると仮定すると，この革命が完成するまでに我々はどれくらい待たねばならないのだろうか。たぶんあなたが考えているよりも長くかかるだろう。興味深いことに，人々が現金を使う頻度は以前よりも減っているが，実際に流通している現金の総額は増えているのだ。現在，世界には以前よりも多額の現金のドル（そして他のほとんどの紙幣）が存在する。アメリカ人の 60 パーセント以上が通常現金を持ち歩いているが，それはおそらく—ある最近の消費者調査でわかったように—財布の中にお金が入っていないことが我々の大部分を不安にさせるからであろう。とりわけ小さな取引に対しては，現金は依然として多くの人々にとって最高の支払い方法である。それはなぜだろうか。一つには，我々が慣れたことへ愛着を持ち，選択肢が制限されることを望まないということを含む，心理的および文化的要因によるものであろう。我々が実は現実のお金に感情的な愛着を持っているということとは，研究で示されている。

　現金と関わっているという安心感は，キャッシュレス経済では必然的に生じるプライバシーの暴露や侵害の増加とは全く対照的である。そこではあらゆる取引が記録されるからだ。それは自身の消費癖を調べるのには適しているかもしれないが，企業—そしておそらくは政府も—がそれらを調べることも容易にしている。歴史的にみると，消費者たちは利便性のために一定量のプライバシーを手放すことをいとわなかったが，その取り決めは近年難しくなっている。インターネット上の我々のあらゆる行動が調べられ，分析され，時には利益目当てに再販されるからである。その点では，現金が魅力を持ちうる。

　キャッシュレスの支配には，テクノロジー上の障壁もある。とりわけアメリカでは，企業のキャッシュレスシステムの採用が鈍ってきている。も

っともなことだが，ハッキングやサイバー攻撃，停電，銀行のネットワークの障害などの危険の可能性を心配する企業もあるのだ。

　事実としていえるのは，発展途上地域だけでなく，世界中の多くの経済活動がまだ現金を使用して行われているということである。裕福なアメリカ人はあまり現金を使って買っていないかもしれないが，その裕福な人々が雇っている労働者—乳母や庭師や家政婦—の多くは，現金で給料をもらっている。同様に，ホテルのルームメイドやドアマン，サービス係，バリスタへのチップも通常現金である。そのような取引は完全なキャッシュレス経済においては不可能になるであろう。

　キャッシュレスへの移行の別の側面は，それが我々の消費習慣に及ぼす影響である。まさに現金は我々に安心感を与えてくれるので，それを手渡すということは，カードを通したりスマホをかざしたりすることでは感じない痛みを生むのである。ある実験では，被験者たちはマグカップを買うことを求められた。ある人たちは現金を使い，他の人たちはデビットカードを使った。その後，研究者たちはそのマグカップを買い戻すと申し出た。現金を支払った人たちは，自分が買ったマグカップに対して，平均してほぼ2倍のお金を要求した。これは彼らがマグカップの価値をより高く認めたことを示している。ここでの重要な考えは，我々が現金を使うときには消費とつながっている—そしてほぼ間違いなくより消費に支配されている—ということである。

　我々がカードや他の電子支払い形態を利用するときには，私たちは使っているお金とそれほどつながってはおらず，より自由にお金を使いやすい。ある実験で，バスケットボールの試合の売り切れチケットのオークションを扱った。購入者の半数は現金でしか支払いできないと言われ，残りの半数はクレジットカードでしか支払いできないと言われた。平均すると，クレジットカードでの購入者は現金での購入者の2倍以上の金額をつけた。

　完全なキャッシュレスがいつ起こるのかを言うことは不可能だが，そうなったときには，我々がもっと自由にお金を使い，おそらくはもっと多額の借金を背負うことになるだろうというのは想像に難くない。キャッシュレス社会はユートピアにはならないだろう。プライバシーと制限は利便性や簡便さのために犠牲にされるであろう。より効率的な経済にはなるだろうが，ある意味では，ルールを曲げる方法がより少ない，より規制された

経済になるだろう。そして我々とお金との関係は，間違いなく遠く離れた人間味のないものになるであろう。

━━━━━ ◀解　説▶ ━━━━━

11)「以下のうち，正しいものはどれか」

1．「アメリカよりもオランダの方が現金で行われている消費者取引の割合がより大きい」

2．「カナダでは，消費者取引の3分の1以上が現金で行われている」

3．「韓国の消費者取引の5分の1は現金で行われている」

　第1段（"Money's destiny is … across all countries."）を参照する。第5・6文（In Singapore and … roughly 50 percent.）より，現金を使う割合はオランダが約40%，アメリカが約50%なので，1は不適。第4文（In Canada, the …）より，カナダの現金使用率は29%なので，2も不適。第3文（In South Korea, …）より，韓国の現金使用率はわずか20%で，3の内容はこれに合致している。

12)「以下のうち，スウェーデンを正しく説明しているものはどれか」

1．「バス料金はデジタル支払いだが地下鉄の切符はそうではない」

2．「年配の市民は，若い世代よりも電子支払いにより抵抗がある」

3．「現金から電子取引への大きな移行が起こるのには10年ほどかかった」

　第2段（Nowhere is the … 60 use Swish.）を参照する。第3文（Many stores, along …）より，バスも地下鉄もキャッシュレスなので1は不適。最終文（Even street-sellers have …）より，60歳以上の人も少なくとも半数がデジタル支払いをしているので，2も不適。第2文（After a decade …）より，国がデジタル化を推進して10年後の成果が述べられているので，3がこれに合致している。

13)「以下のうち，お金のデジタル化を最も促進してきたものはどれか」

1．「使いすぎることへの心配」

2．「マイクロチップ推奨の要求」

3．「効率と利便性の追求」

　第3段（While the drive … a digital record.）を参照する。第1文（While the drive …）および第4文（But without going …）では，「無駄を排除する」，「生活を簡便にする」，「速くて効率的」などがデジタル化促

進の理由として挙げられている。これに合致しているのは3である。

14)「現金を持ち歩くとき，人々は一般的にどう感じているか」

1．「不安」　2．「知的」　3．「安心」

　第4段第5文（More than 60 …）参照。アメリカ人の多くが現金を持ち歩く理由として，「財布の中にお金が入っていないことが我々の大部分を不安にさせるから」と説明している。この趣旨に合致しているのは3である。

15)「デジタルマネー利用を選択する人々にとって不利な点は何か」

1．「収入の減少」

2．「プライバシーが危険にさらされる」

3．「購入歴を調べることがより困難である」

　第5段第1文（The sense of …）参照。キャッシュレス経済では必然的にプライバシーの暴露や侵害が生じると述べられている。これがデジタルマネーの弱点であると考えられるので，2が最も適切である。

16)「以下の職業のうち，お金のデジタル化の影響を最も受けそうなものはどれか」

1．「ウェイター」　2．「レスラー」　3．「作家」

　第7段第3・4文（Similarly, tips to … fully cashless economy.）参照。通常現金でチップを受け取る職業がデジタル化の影響を受けやすいと考えられる。この職業に該当するのは1である。

17)「多くの国でデジタルマネーよりも硬貨や紙幣を利用する方を好む人がいるのはなぜか」

1．「自分のアイデンティティを守るため」

2．「もっと多く値引きしてもらうため」

3．「自分の富をひけらかすため」

　第5段（The sense of … can be appealing.）では，キャッシュレス経済の弱点として，プライバシーが暴露されたり侵害されたりすることが挙げられている。これが理由で現金を好む人がいる訳である。「プライバシー」＝「アイデンティティ」と考えられるので，1が本文の趣旨に合致している。

18)「現金でマグカップを買った人たちは，誰より高い値をつけたか」

1．「より高い値段で買った人たち」

2．「デビットカードで買った人たち」

3．「マグカップに愛着を感じている人たち」

　マグカップの購入実験については，第8段（Another aspect of … — our spending.）で述べられている。購入の方法として現金とデビットカードの2通りを設定して両者を比較するという実験であった。したがって，現金でマグカップを買った人たちと比較されるのは，2の「デビットカードで買った人たち」ということになる。

19)「以下のうち，キャッシュレス社会での買い物客の消費（お金の使い方）を正しく説明しているものはどれか」

1．「慎重である」　2．「上品である」　3．「気前がよい」

　キャッシュレス社会における消費の特徴については，第9段（When we use … the cash buyers.）で述べられている。第1文（When we use …）で，「自由にお金を使うことがより簡単になる」と説明し，最終文（On average, the …）で現金使用よりもクレジットカード使用の方がオークションに高い値をつけたとある。この趣旨に合致しているのは3である。

20)「以下のうち本文に一致していないものはどれか」

1．「ゆっくりとではあるが，我々は絶えずキャッシュレス社会に近づいている」

2．「企業は消費者よりも熱心にキャッシュレス社会を期待している」

3．「キャッシュレス社会では，富裕層と貧困層との差が広がるだろう」

　第1段（"Money's destiny is … across all countries.），第4段第1・2文（Given that going … than you'd think.）で述べられているように，お金のデジタル化はゆっくりと進んでいるので，1は正しい。最終段（Although it's impossible … relationship to money.）では「もっと自由にお金を使い，おそらくはもっと多額の借金を背負うことになる」とあり，これは貧富の差が広がることを示唆しているので，3も正しい。企業と消費者のどちらがキャッシュレス化をより望んでいるかについては記述がないので，2は正しくない。

4 解答

21 — 0　22 — 1　23 — 3　24 — 5　25 — 7

26 — 8　27 — 6　28 — 2　29 — 9　30 — 4

~~~~~~~~~~~~~◆全　訳◆~~~~~~

≪私がハニから学んだこと≫

　私がハニ＝イルマワティにあった日，彼女は内気な 17 歳の少女で，インドネシアのインターナショナルスクールの駐車場に 1 人で立っていた。私はその学校で英語を教えていたのだ。その学校はお金がかかり，インドネシア人の学生が入学することを認めていない。彼女は私に歩み寄って，英語を上達させるのを手伝ってくださいと頼んできた。擦り切れた服を着た若いインドネシアの少女が，私に近寄って助けを求めるには，確かに計り知れない勇気がいっただろう。

　「なぜ英語を上達させたいの？」と彼女に尋ねた。地元のホテルに就職するという話をするだろうと完全に予想していた。

　「アメリカの大学に行きたいのです」　彼女は穏やかな自信とともにそう言った。彼女の理想的な夢に私は泣きたくなった。

　私は毎日放課後にボランティアとして彼女と勉強することに同意した。それからの数カ月間，ハニは毎朝 5 時に起きて自分の通う公立学校への市バスに乗った。1 時間の乗車の間，彼女は自分の通常の授業の勉強をし，前日に私が与えた英語の課題の準備をした。彼女は午後 4 時に私の教室に到着し，疲れ果ててはいるものの勉強の準備はできていた。来る日も来る日も，ハニは大学レベルの英語と格闘したので，私は彼女のことがより気に入った。彼女は私が受け持つほとんどの裕福な学生よりも熱心に学んだ。

　ハニは 2 部屋しかない家に両親と 2 人の兄弟とともに暮らしていた。両親は低賃金の労働者だった。彼らに会いに家に行ったとき，私は 2 人の年収が合計で 750 ドルだと知った。それはアメリカの大学で 1 月分の費用すら賄うには不十分だった。ハニの熱意は彼女の語学力とともに増しつつあったが，私の失意はどんどん大きくなっていった。

　ある日の朝，私はアメリカの大きな大学の奨学金の機会についての案内を受け取った。私は興奮気味に封筒を引き裂いて開き，必要条件を調べたのだが，まもなくがっかりして用紙を落としてしまった。ハニが申し込み資格を得るのは不可能だと私は思った。彼女はクラブも組織も率いたことがなかった。彼女の学校にはそういったものが単に全く存在しなかったからだ。彼女には学習指導カウンセラーもいなかったし，胸を張れるような標準テストの得点も持っていなかった。彼女が受けられるそのような試験

がなかったからだ。

　しかし，彼女は私がこれまでに会ったどの学生よりも決意が固かった。その日ハニが教室に入ってきたときに，私は奨学金のことを彼女に話した。決して申し込むことができないだろうと私が考えていることも話した。私は彼女を励まして，すでに言ってきたように，自分の将来について『現実的』に考えるよう，そしてアメリカに行くことをそれほど熱心に計画しないよう言った。がっかりするような説論を私がした後でも，ハニは自分の決意を変えることはなかった。

　「私の名前を送ってもらえますか」と彼女は頼んできた。

　私には彼女の申し出をはねつける勇気はなかった。私は申請用紙を完成させた。それぞれの欄に彼女の学業生活についての痛ましい真実を書き込み，彼女の勇気と猛勉強についての賛辞も添えた。私は封筒に封をし，ハニには合格する見込みはわずかしかないか全くないかだろうと話した。

　その後の数週間，ハニは英語の勉強量を増やしていき，私は彼女がジャカルタで英語流暢度テストを受けられるよう手配した。これまでコンピュータに触れたことのない人間にとって，全てをコンピュータで処理するテストはとてつもない挑戦だろう。2週間にわたって，私たちはコンピュータのパーツと仕組みについて勉強した。そして，ジャカルタに行く直前に，ハニは奨学金の協会からの手紙を受け取った。何という残酷なタイミングで不合格の知らせが届くんだと私は思った。彼女に失意の覚悟をさせようとして，私は手紙を開いて彼女に読み始めた。彼女は合格していたのだ。

　私は驚き，喜びで部屋の中を跳び回った。ハニは静かに微笑みながら傍らに立っていたが，私の驚きに困惑していたのはほぼ確実だった。その瞬間の彼女の顔は，その翌週何度も私の脳裏に蘇った。ようやく私は理解した。ハニが初めから知っていたことを学んだのは私のほうだったのだ。成功をもたらしてくれるのは知性だけではない。成功したいという衝動，猛勉強への傾倒，自分を信じる勇気，それらも成功をもたらしてくれるのだ。

◀解　説▶

21. 直後に up や to が続いているので，自動詞の候補を考えていく。walk up to ～ で「～に近寄る」という意味になり，駐車場に立っていた少女が筆者に近づいてきたのだと理解できる。よって，0 の walked が正解。

22. 第1段第3文（She （ 21 ） up to …）でハニが英語を教えてほしいと申し出たのに対して，空所後の第4段第2～4文（For the next … ready to work.）から，筆者はそれを受け入れたのだということがわかる。よって，当該部分は「彼女と勉強することに同意した」となると考えられ，1の agreed「同意した」が正解となる。

23. 直後に形容詞 fond が続いていることから，ここも自動詞の候補を考えることになる。思いつくのは be 動詞や become だが，そういう選択肢はないので，ここは「彼女のことがより気に入った」という意味になる3の grew「〜になった」が最も適切である。

24. 直後に in a two-room house「2部屋しかない家に」とあるので，「住んでいた」となることが予想される。よって，5の lived が正解である。

25. 直後の第6段第2文（I excitedly tore …）に「封筒を引き裂いて開いた」とあることから，筆者の元に郵便物が届いたのだと推測できる。よって，最も適切なのは7の received「〜を受け取った」である。

26. 後続の第8・9段（"Will you send … slim and none.）を読むと，奨学金の受給条件が厳しいにもかかわらず，ハニは全くあきらめる様子がなかったことがうかがえる。よって，当該部分は「自分の決心において変わらないままだった」という意味であると予想され，8の remained「〜のままだった」が正解となる。

27. 空所の文の her chances 以降の部分は，筆者がハニに話した内容で，意味は「合格の見込みはわずかと皆無の間の場所に…」となる。よって，正解は6の ranged「〜に及ぶ」である。

28. 空所直前の that は the weeks を先行詞とする主格の関係代名詞であり，筆者がハニに合格の見込みはほとんどないと話した後の数週間のことを指しているのだと考えられる。よって，2の followed「次にくる，続く」が最も適切である。

29. 後続の第10段第3文（For two weeks, …）で，筆者とハニがコンピュータの勉強をしたことが述べられており，ハニがコンピュータを使ったことがなかったのだということがわかる。よって，当該部分の意味は「コンピュータに触れたことがない」となり，9の touched が正解である。

30. 当該最終段（I leaped about … believe in yourself.）では，ハニを指

導してきた筆者が，実はハニから重要なことを教わっていたという趣旨の
内容が述べられていると考えられる。よって，4 の learned「学んだ」が
最も適切である。

5　解答

問 1．31）－4　　32）－3　　33）－3　　34）－4　　35）－3
問 2．36）－2　　37）－1　　38）－4　　39）－3　　40）－1

問 3．アメリカは無料で見られることよりも広告が少ない（あるいは全く
ない）方を好んでいて，全体の 66％を占める。同国と最も嗜好が異なる
のは日本。広告が少ないか全くない方を好む層が 50％を超えていない唯
一の国で，他の層でもアメリカとの差が一番大きい。日本は無料配信を好
む傾向が強く，この層が 55％と半数を超えている。（150 字以内）

◆全　訳◆

≪ビデオオンデマンド配信サービスの今後の展望≫

著作権の都合上，省略。

著作権の都合上, 省略。

著作権の都合上，省略。

◀解　説▶

問1. 31) 直後に more cost-conscious「費用をより気にする」という表現があり，and で結ばれていることから，これと同趣旨の意味を持っているのだと推測できる。よって，4の「より賢い」が最も適切である。1.「より忙しい」　2.「より嬉しい」　3.「より豊かな」　savvy「賢い，知恵のある，抜け目ない」

32) 当該箇所の意味は「対面での活動を…した新型コロナウイルスの世界的流行のために」となるので，3の「〜を制限した」が最も適切である。

1．「〜を受け取った」　2．「〜を反映した」　4．「〜をよみがえらせた」constrained「〜を妨げた」

33）当該箇所の意味は「物語が持つ…情緒的で知的な価値」となり，ここでは「何らかの工夫を加えないもともとの価値」のことであろうと推測できる。よって，3の「本質的な」が最も適切である。1．「大陸の」　2．「デジタルの」　4．「部分的な」　innate「生来の，本質的な」

34）当該部分で述べられているのは，他のサービスにコンテンツが負けて複数のサブスク利用を工夫しなければならなくなると消費者たちはどうなるか，ということである。この趣旨に合致するのは4の「不満な」である。1．「予期しない」　2．「未完の」　3．「準備なしの」

35）当該部分の意味は「加入者を失うのが早すぎることが，プロバイダーが獲得費用を回収できる力を…可能性がある」となる。趣旨は「十分に回収できない」ということだと考えられるので，3の「〜を制限する」が最も適切である。1．「〜を創り出す」　2．「〜を癒す」　4．「〜を支える」

問2．36）「SVOD の成長によって，消費者たちは…番組を見ることができるようになっている」

1．「内容がよりおもしろい」

2．「より自分の好みに適した」

3．「個人の努力が少なくて済む」

4．「よりお金がかからない」

　第4段第2文（For consumers, getting …）より，3と4は一致しない。第6段第1文（People are attracted …）および第4段最終文（Over the past …）の記述から，2が最も適切である。テレビに比べて SVOD の番組のほうが面白いという記述はない。

37）「アメリカにおける SVOD サービスのチャーン率は…の年齢層の間で最も低い」

1．「ベビーブーム世代」

2．「X 世代」

3．「Z 世代」

4．「中年世代」

　第5段第1・2文（These conditions lead … services (Figure 1).）のチャーンについての説明の記述から表1を参照する。チャーンは「退会の

み」と「入会と退会をする」の 2 つのことなので，表では Both added and cancelled during the last 6 months と Cancelled during the last 6 months の合計がチャーン率となる。 1 は 17%， 2 は 40%， 3 は 51%， 4 は 20% となっているので， 1 が最も低い。

38)「ミレニアル世代が他の年齢層よりも一度退会した SVOD サービスに復帰する可能性が高い唯一の調査対象国は…である」

　複数の国の比較がある表 2 を参照する。この表では，過去 12 カ月間に退会と再入会の両方をした割合が示されている。他の 4 カ国では Z 世代が最も高いのに対して，アメリカだけはミレニアル世代が最高になっている。よって，正解は 4 である。

39)「若者世代は，…に基づいて SVOD サービスを退会する可能性がより高い」
1．「消費者へのサービス」
2．「加入者の数」
3．「サービスの価格」
4．「コンテンツの質」

　第 7 段最終文 (In every country …) によると，特に若者世代が「どのコンテンツにどれだけお金を使うか決定することについて賢くなってきている」とある。つまり価格が高ければ退会の理由になる可能性が高くなるということである。これに合致しているのは 3 である。

40)「…することは効果的な価格戦略にはならないであろう」
1．「年配の加入者よりも若者の加入者の方に高い料金請求をする」
2．「追加料金を払った人に広告がない映画へのアクセスを提供する」
3．「高価格で多くの番組を，低価格で少ない番組を提供する」
4．「より多く支払うことをいとわない加入者だけに新作の映画を見せる」

　第 7 段最終文 (In every country …) で説明されているように，若者は他の世代よりも価格設定に敏感なので，この世代の料金を上げることは賢明な価格戦略とは言えない。それに当たるのは 1 である。

問 3．表 3 を見ると，アメリカを始め，イギリス，ドイツ，ブラジルの 4 カ国は，広告が少ないか全くなく有料の契約率が高く，日本は広告がたくさん入るが無料という契約の割合が最も高い。よって，消費者の嗜好がアメリカと最も異なる国は日本である。

❖講　評

　2023 年度は，2021・2022 年度と同様に，大問数 5 題の出題となっており，この傾向で定まった感がある。英文の分量や設問数及びその内容なども大きく変わってはいない。

　1 は，ポケモン GO というゲームアプリの市場におけるターゲットを考察した 900 語程度の長文読解問題で，内容説明や空所補充，語句整序，英文和訳など，設問が最も多岐にわたっている大問である。したがって，文法・語彙を含めた総合的な英語力が問われている。

　2 は和文英訳問題。英訳問題で最も重要なのは，与えられている日本語にしばられず，自分が英語で表現できるように変換することである。

　3 は，最近の風潮になっているキャッシュレス化を扱った 970 語程度の英文。英語の質問に対する英語の答えを選択するという構成になっている。ほぼ本文の流れに沿った設問になっているので，先に設問に目を通しておくと効率的であろう。

　4 は，向学心旺盛な少女から大切なことを学んだ教師の話について書かれた 700 語程度の英文である。全問空所補充問題となっている。選択肢はすべて動詞で，核心的な部分なので正解しやすい問題である。

　5 は，ビデオ配信サービスの今後の展望について述べている 740 語程度の英文。同意表現を選ぶ問題と内容説明にかかわる空所補充，さらに日本語記述による 150 字以内の内容説明で構成されている。表やグラフを読み取る力も要求される。

　長文読解問題の英文の分量や設問数を考えると，全体の難度はかなり高い。速読力の訓練が欠かせないだろう。

/ / / / / / / / / / / / / / / / · **memo** · / / / / / / / / / / / / / / / /

2022
年度

問題と解答

■一般選抜（個別学部日程）：経営学部

問題編

▶試験科目・配点

方式	テスト区分	教　科	科目（出題範囲）	配点
A方式	大学入学共通テスト	外　国　語	英語（リーディング，リスニング）	50 点
		国　　語	国語	100 点
		地理歴史または公民または数学	日本史 B，世界史 B，地理 B，政治・経済，「数学Ⅰ・A」，「数学Ⅱ・B」のうち 1 科目選択	100 点
	独自問題	外　国　語	英語の長文読解を中心として基礎力・総合力を問う問題（記述式問題を含む）	150 点
B方式	大学入学共通テスト	外　国　語	英語（リーディング，リスニング）	50 点
		数　　学	「数学Ⅰ・A」，「数学Ⅱ・B」	150 点
		地理歴史または公民または国語	日本史 B，世界史 B，地理 B，政治・経済，国語のうち 1 科目選択	50 点
	独自問題	外　国　語	英語の長文読解を中心として基礎力・総合力を問う問題（記述式問題を含む）	150 点

▶備　考

- 合否判定は総合点による。ただし，場合により特定科目の成績・調査書を考慮することもある。
- 大学入学共通テストの得点を上記の配点に換算する。英語の得点を扱う場合には，リーディング 100 点，リスニング 100 点の配点比率を変えずにそのまま合計して 200 点満点としたうえで，上記の配点に換算する。
- 大学入学共通テストの選択科目のうち複数を受験している場合は，高得点の 1 科目を合否判定に使用する。
- 試験日が異なる学部・学科・方式は併願ができ，さらに同一日に実施する試験であっても，「AM」と「PM」の各々で実施される場合は併願が

できる。

• 試験時間帯が同じ学部・学科・方式は併願できない。

試　験　日	試験時間帯	学　　部	学　科（方　式）
2 月 15 日	AM	経　　　営	経営（A・B） マーケティング（A・B）
	PM	総合文化政策	総合文化政策（B）

■英語■

◀A 方式・B 方式▶

(90 分)

問題 1　次の文章を読み，設問に答えなさい。

We live surrounded by things. A typical German owns 10,000 objects. In Los Angeles, a middle-class garage often no longer houses a car but several hundred boxes of stuff. The United Kingdom in 2013 was （　1　） to 6 billion items of clothing, roughly a hundred per adult; a quarter of these never leave the closet. Of course, people always had things, and used them not only to survive but for ritual, display, and fun. But the possessions in a pre-modern village (2)[a native tribe / next to / or / pale in comparison / placed / the growing mountain of / things / when]. This change in accumulation involved a historic shift in humans' relationship with things. In contrast to the pre-modern village, where most goods were passed on and arrived as gifts, things in modern society are mainly bought in the marketplace. And they pass through our lives more quickly.

In the last few hundred years, the （　3　） of things ― in short, consumption ― has become a defining feature of our lives. It would be a mistake to think people at any time have had a single identity, but there have been periods when certain roles have been dominant, defining a society and its culture. In Europe, the High Middle Ages saw the rise of a society of knights. The Reformation pitched one faith against another. And in the nineteenth century, a commercial society gave way to an industrial class society of

capitalists and wage workers. Work remains important today, but it defines us
(4) in the prime days of the factory and the trade union. Instead of
warriors or workers, we are more than ever before consumers. In the rich
world — and in the developing world increasingly, too — identities, politics, the
economy, and the environment are crucially shaped by what and how we
consume. Taste, appearance, and lifestyle define who we are (or want to be)
and how others see us. Politicians treat public services like a (5) of
goods, hoping it will provide citizens with greater choice. Many citizens, in
turn, seek to advance social and political causes by using the power of their
money in boycotts and buycotts. Advanced economies live or die by their
ability to stimulate and maintain high levels of spending, with the help of
advertising, branding and consumer credit. Our lifestyles are fired by fossil
fuels. In the twentieth century, carbon emissions per person became four
times more than in the previous century. Today, transportation and bigger,
more comfortable homes filled with more appliances account for just under half
of global CO_2 emissions. Eating more meat has seriously disturbed the
nitrogen cycle. Consumers are even more deeply involved if the emissions
released in the process of making and delivering their things are taken into
account. And, at the end of their lives, many broken TVs and computers from
Europe end up in countries like Ghana and Nigeria, causing illness and
pollution as they are picked apart for precious materials. How much and what
to consume is one of the most urgent but also difficult questions of our day.

　Like other key concepts in history, consumption has not had a fixed
meaning over time. The term originally derived from the Latin word
consumere, which first appeared in French in the twelfth century and from
there found its way into English and other European languages. At that time,
it meant the using up and physical (8) of matter. Food, candles, and
firewood were consumed. So was the body when attacked by an illness. To
confuse matters, there was the similar-sounding *consummare*, which meant to

complete something, as in Christ's last words: "It is finished" (*consummatum est*). In actual usage, "waste" and "finish" were often rolled into one.

Between the seventeenth and twentieth centuries, the term underwent a miraculous change. Consumption progressively ceased to mean waste or destruction, and instead became something positive and creative. From the late seventeenth century, economic commentators began to argue that the purchase of goods and services not only satisfied individual wants, but in the process, enriched a nation by enlarging the market for producers and investors. Personal vanities, like expensive clothes, could yield public benefits, at least in material terms. Such linkages unsettled earlier moral certainties. A major achievement was Adam Smith's *The Wealth of Nations* in 1776, in which he argued that "consumption is the sole end and purpose of all production." (9) his own argument, Smith and his immediate successors were still some way from making consumption the center of economics, let alone from imagining that there could be sustained growth. This had to wait until the 1860's to 1870's, when W. S. Jevons and others argued that it was consuming, not labor, that created value.

The "consumer society" may have started in economic thought, but it was completed by politics. In the years around 1900, the "consumer" arrived on the political stage as the twin of the citizen, using the power of money to promote social reform, first in the United States and Britain, but soon in France and elsewhere in Europe. It was only after this, in the interwar years when mass-produced, standardized goods took off, that companies and advertisers made the customer the "king" of the marketplace. In the next few decades, users of health, education, and sports services started to be addressed as "consumers," until, by the 1960's, observers sighted a whole new type of society: a "consumer society." By the late twentieth century, it was no longer just goods and services but emotions and experiences that were being consumed. Nevertheless, the older association with "using up" was never completely lost.

Wilhelm Roscher, the founding father of historical economics in nineteenth-century Germany, once remarked that a coat was not consumed until its fibers were coming apart. Significantly, the Japanese term for "consumption," created in the 1880's, remains *shōhi*（消費）, which combines "to spend"（*hi* or 費）with "to extinguish"（*shō* or 消）. In an age when we are once again becoming aware of the limited resources of the planet, the concept of consumption has a lot to say for itself.
_(B)

設問A

1）カッコ内に入るべき最も適切なものはどれか。

　　1. factory

　　2. home

　　3. warehouse

2）［　］内を適切な語順に並べる場合，4番目に来るのはどれか。

　　1. next to

　　2. placed

　　3. when

3）カッコ内に入るべき最も適切なものはどれか。

　　1. acquisition and use

　　2. inspection and return

　　3. manufacture and distribution

4）カッコ内に入るべき最も適切なものはどれか。

　　1. as much as

　　2. far less than

　　3. way more than

5）カッコ内に入るべき最も適切なものはどれか。

　　1. school

　　2. station

　　3. supermarket

出典追記：Empire of Things by Frank Trentmann, Penguin Books Ltd.

6) 下線部の意味として最も適切なものはどれか。

1. 商品を買い控えること

2. 商品を積極的に買うこと

3. 商品を売買すること

7) "their" が指しているのはどれか。

1. consumers

2. emissions

3. things

8) カッコ内に入るべき最も適切なものはどれか。

1. exhaustion

2. exhibition

3. expedition

9) カッコ内に入るべき最も適切なものはどれか。

1. Before

2. Despite

3. Without

10) 本文の内容と合致しないものはどれか。

1. 経済における消費の重要性に最初に気づいたのはアダム・スミスである。

2. 個人消費は環境問題と直接的な関係がある。

3. 消費の対象はモノからサービス，感情へと広がった。

設問B

　下線部(B)を和訳しなさい。(**解答用紙(その2)を使用すること**)

問題 2　英訳しなさい。(**解答用紙(その2)を使用すること**)

　海外で長く仕事をするうちに，幸福に対する考えが国によって大きく違うことに気づいた。

問題 3 次の文章を読み，設問に答えなさい。

　　When dawn broke that chilly November morning in Paris, I was driving to my office for a meeting with an important new client. I hadn't slept well, but that was nothing unusual, since before an important training session I often have a restless night.

　　After reaching my office, I poured my energy into arranging the conference room and reviewing my notes for the day ahead. I would be spending the day with one of the top executives at car manufacturer Peugeot Citroën, preparing him and his wife for the cultural adjustments they would need to make in their coming move to Wuhan, China. If the program was successful, my firm would be hired to provide the same service for another 50 couples later in the year, so there was a lot at stake.

　　Bo Chen, the Chinese country expert who would be assisting with the training session, also arrived early. Chen, a 36-year-old Paris-based journalist from Wuhan, worked for a Chinese newspaper. He had volunteered to act as a Chinese culture expert for the training, and his contribution would be one of the most critical elements in making the day a success. If he was as good as I hoped, the program would be a hit and we would get to conduct the 50 follow-up sessions. My confidence in Chen had been strengthened by our preparatory meetings. Expressive, outgoing, and very knowledgeable, Chen seemed perfect for the job. I had asked him to prepare two or three concrete business examples to illustrate each cultural aspect I would be covering during the program, and he had enthusiastically confirmed he would be ready.

　　Mr. and Mrs. Bernard arrived, and I placed them on one side of the big glass table with Chen on the other side. Taking a deep, hopeful breath, I began the session, outlining on a flip chart the cultural issues that the Bernards needed to grasp so their time in China would be a success. As the morning wore on, I explained each aspect of the key issues, answered the Bernards' questions, and carefully kept an eye on Chen so I could encourage his participation.

But Chen didn't seem to have any ideas. After finishing the first part of the session, I paused briefly and looked to him for his response, but he didn't speak up. He didn't open his mouth, move his body forward, or raise his hand. He seemingly had no example to provide. Not wanting to embarrass Chen or to create an awkward situation by calling on him when he was not ready, I simply continued with my next point.

To my growing disappointment, Chen remained silent and nearly motionless as I went through the rest of my presentation. He nodded politely while I was speaking, but that was all; he used no other body language to indicate any reactions, positive or negative. I gave every example I could think of and engaged in dialogue with the clients as best as I could. Point after point, I spoke, shared, and consulted with the Bernards — and point after point, there was no added contribution from Chen.

I continued for three full hours. My initial disappointment with Chen developed into complete panic. I needed his participation for the program to succeed. Finally, although I didn't want to create an awkward moment in front of the clients, I decided to take a chance. "Bo," I asked, "Do you have any examples you would like to share?"

Chen sat up straight in his chair, smiled confidently at the clients, and opened up his notebook, which was filled with pages and pages of typed notes. He replied, "Thank you, Erin. I do." And then, to my pleasant surprise, Chen began to explain one clear, appropriate, and fascinating example after another.

In reflecting on the story of my awkward engagement with "Silent Bo," it's natural to assume that something about Chen's personality, my personality, or the interaction between us might have led to such a strained situation. Perhaps Chen was mute because he's not a very good communicator, or because he's shy or quiet and doesn't feel comfortable expressing himself until pushed. Or perhaps I'm a terrible organizer, telling Chen to prepare for the meeting and then failing to call on him until the session was almost over.

In fact, my previous meetings with Chen had made it clear to me that he was neither uncommunicative nor shy; he was actually a gifted communicator and also bursting with friendliness and self-confidence. What's more, I'd been conducting client meetings for years and had never before experienced a disconnect quite like this one, which suggested that my skills as an organizer were not the source of the problem.

The truth is that the story of Silent Bo is a story of culture, not personality. But the cultural explanation is not as simple as you might think. Chen's behavior in our meeting lines up with a familiar cultural stereotype. Westerners often assume that Asians, in general, are quiet, reserved, and shy. If you manage a global team that includes both Asians and Westerners, it is very likely that you will have heard the common Western complaint that the Asian participants don't speak very much and are less straightforward about offering their individual opinions in team meetings. Yet the cultural stereotype does not reflect the actual reason behind Chen's behavior.

Since the Bernards, Chen, and I were participating in a cross-cultural training program (which I was supposed to be leading — though I now found myself uncomfortably in the role of a student), I decided to simply ask Chen for an explanation of his actions. "Bo," I exclaimed, "you had all of these great examples! Why didn't you jump in and share them with us earlier?"

"Were you expecting me to jump in?" he asked with a look of genuine surprise on his face. He went on to describe the situation as he saw it. "In this room," he said, turning to the Bernards, "Erin is the chairperson of the meeting." He continued: "As she is the senior person in the room, I should wait for her to call on me. And, while I am waiting, I should show I am a good listener by keeping both my voice and my body quiet. In China, we often feel Westerners speak up too much in meetings. Also, I have noticed that Chinese people leave a few more seconds of silence before jumping in than in the West. I kept waiting for Erin to be quiet long enough for me to jump in, but my turn never came. I would have liked to make one of my points if an appropriate length of pause had arisen. But Erin was always talking, so I just kept waiting patiently. My mother left it deeply ingrained in me: You have two eyes, two ears, but only one mouth. You should use them accordingly."

As Chen spoke, the cultural foundations of our misunderstanding became vividly clear to the Bernards — and to me. It was obvious that they go far beyond any shallow stereotypes about "the shy Chinese." And this new understanding led to the most important question of all: Once I am aware of the cultural context that shapes a situation, what steps can I take to be more effective in dealing with it? In the Silent Bo scenario, my deeper awareness of the meaning of Bo's behavior leads to some easy, yet very powerful, solutions.

設問

11) Which of the following is true about Erin?

   1. She always has difficulty in getting sleep at night.

   2. She is a consultant of business communication.

   3. She is an executive at a well-known car company.

12) The day was very important for Erin because (   ).

   1. a successful completion of the day would bring more business

   2. offering cultural adjustment training was new to her

   3. the clients offered an extra amount of money

13) What kind of person did Bo Chen turn out to be?

   1. Hypocritical.

   2. Organized.

   3. Shy.

14) Which of the following is true for Mr. and Mrs. Bernard?

   1. They kept silent during the training session.

   2. They were soon making a move to China.

出典追記：The Culture Map by Erin Meyer, PublicAffairs

3. They were surprised to learn that Erin was a student.

15) How did Erin feel when Chen started talking?

　1. She felt annoyed.

　2. She felt offended.

　3. She felt relieved.

16) Why didn't Chen jump into the conversation?

　1. He didn't want to appear rude.

　2. He had nothing much to say.

　3. He thought he shouldn't back up the author.

17) Which of the following is true?

　1. Cross-cultural misunderstandings are impossible to overcome.

　2. Erin mistakenly thought Bo Chen might not be prepared.

　3. Stereotypes always help to solve cross-cultural problems.

18) Erin, asking Chen for an explanation, (　　　).

　1. deeply embarrassed Chen and created an awkward situation

　2. eventually triggered a real lesson in cross-cultural understanding

　3. finally gave the Bernards a chance to speak their minds

19) What was the cause of misunderstanding in the story of "Silent Bo"?

　1. a conflict of interest

　2. a cultural difference

　3. a personality disorder

20) The next time Erin works with a Chinese cultural specialist, she will probably (　　　).

　1. continue speaking the same as always

　2. give the specialist more time to speak up

　3. sit through the whole session without saying anything at all

問題 4 次の文章を読み，下線部の書き換えとして最も適切なものを選びなさい。

At some point in your life, you probably made a New Year's resolution. On January 1st of some year, you <u>resolved</u> to drink less, exercise more, or call
(21)
your mother every Sunday. Maybe you kept your resolution and improved your health and family relations. Or maybe, by February, you were sitting on the sofa watching a movie on Netflix while drinking a third glass of coke and ignoring your mother's Skype requests. Regardless of your resolution's fate, though, the date you chose to motivate yourself reveals a dimension of the power of beginnings.

The first day of the year is what social scientists call a "temporal landmark." Just as human beings rely on landmarks to navigate space — "To get to my house, turn left at the gas station" — we also use landmarks to navigate time. Certain dates function like this gas station. They stand out from the continuous and forgettable march of other days, and their <u>markedness</u> helps us find our way.
(22)

In 2014, three scholars from the Wharton School of the University of Pennsylvania published a <u>groundbreaking</u> research paper in the science of
(23)
timing that broadened our understanding of how temporal landmarks operate and how we can use them to construct better beginnings.

Hengchen Dai, Katherine Milkman, and Jason Riis began by analyzing eight and a half years of Google searches. They discovered that searches for the word "diet" always <u>soared</u> on January 1st by about 80 percent more than
(24)
on a typical day. No surprise, perhaps. However, searches also pointed at the start of every calendar cycle — the first day of every month and the first day of every week. Searches even climbed 10 percent on the first day after a national holiday. Something about days that represented "firsts" switched on people's motivation.

The researchers found a similar pattern at the gym. At a large university where students had to swipe a card to enter workout facilities, the researchers collected more than a year's worth of data on daily gym attendance. As with the Google searches, gym visits increased "at the start of each new week, month, and year." But those weren't the only dates that got students out of the dorm and onto a treadmill. Students trained more both at the start of a new semester and on the first day after a school break. They also hit the gym more immediately after a birthday.

For the Google searchers and college exercisers, some dates on the calendar were more significant than others. People were using them to "mark off the passage of time," to end one period and begin another with a clean slate. Dai, Milkman, and Riis called this phenomenon the "fresh-start effect."

To establish a fresh start, people used two types of temporal landmarks — social and personal. The social landmarks were those that everyone shared: Mondays, the beginning of a new month, and national holidays. The personal ones were unique to the individual: birthdays, anniversaries, and job changes. But whether social or personal, these time markers served two purposes.

First, they allowed people to open a "new mental account" in the same way that a business closes its books at the end of one fiscal year and opens a new book for the next year. This new period offers a chance to start again by transferring our old selves to the past. It disconnects us from our past self's mistakes and imperfections, and leaves us confident about our new, superior selves. Fortified by that confidence, we "behave better than we have in the past and strive with enhanced passion to achieve our aspirations." In January, advertisers often use the phrase "New Year, New You." When we apply temporal landmarks, that's what's going on in our heads.

The second purpose of these time markers is to shake us out of the tree so we can glimpse the forest. Temporal landmarks interrupt attention to day-to-day trivialities, causing people to take a big picture view of their lives and thus focus on achieving their goals. Think about those spatial landmarks again.

You might drive for miles and barely notice your surroundings. But that glowing gas station on the corner makes you pay attention. It's the same with fresh-start dates.

In later research, Dai, Milkman, and Riis found that giving colors to an otherwise ordinary day with personal meaning generates the power to activate new beginnings. For instance, when they <u>proclaimed</u> March 20th as the first
(29)
day of spring, the date offered a more effective fresh start than simply identifying it as the third Thursday in March. Identifying one's own personally meaningful days ─ a child's birthday or the anniversary of your first date with your partner ─ can erase a false start and help us begin anew.

New Year's Day has long held a special power over our behavior. We turn the page on the calendar, glimpse all those beautiful empty squares, and open a new account book on our lives. But we typically do that <u>unwittingly</u>,
(30)
blind to the psychological mechanisms we're relying on. The fresh-start effect allows us to use the same technique, but with awareness and intention, on multiple days. After all, New Year's resolutions are hardly guaranteed. Research shows that a month into a new year only 64 percent of resolutions continue to be pursued. Constructing our own temporal landmarks, especially those that are personally meaningful, gives us many more opportunities to recover from rough beginnings and start again.

21) 1. ceased　.
    2. decided
    3. requested
22) 1. height
    2. obscurity
    3. prominence
23) 1. cutting-edge
    2. ready-made
    3. time-saving

出典追記 : When: The Scientific Secrets of Perfect Timing by Daniel H. Pink, Riverhead Books

24) 1. appeared
　　2. increased
　　3. started

25) 1. exclaiming
　　2. exercising
　　3. expanding

26) 1. all anew
　　2. all in one
　　3. all the same

27) 1. create a new bank account
　　2. forget the past and make a new start
　　3. start writing a new diary

28) 1. let us get rid of our material possessions
　　2. prevent us from climbing the tree
　　3. remind us of our ultimate goal

29) 1. declared
　　2. mistook
　　3. removed

30) 1. unintentionally
　　2. unnecessarily
　　3. unofficially

問題 5 次の文章を読み，設問に答えなさい。

An article in the September 8, 2015 online edition of the economic journal *Toyo Keizai* featured the types of jobs that increased and decreased in number over the period from 1995 to 2010 in Japan (See Figures 1 and 2). Topping the list of increased jobs was eldercare, followed by such jobs as store sales, medical nursing, cleaning, childcare, and cooking. A majority of the jobs that increased over the 15-year period — which saw progress in the computerization of society — were linked to the rapid aging of Japan's population and the rise in the number of double-income households.

The biggest decline was found in the farming sector, followed by construction and civil engineering and then accounting. This is further followed by such jobs as real estate and insurance, office-level management, retail store management, director-level management, driving, and printing.

The drop in the farming sector was an extension of an existing trend. The decline in construction jobs was credited to the expanded use of mass-produced building materials and cuts in the government's investment in public works. The falling ranks of managers at retail shops, companies, and other organizations and the decline in the number of drivers are likely the result of the post-bubble boom economic depression. The impact of the digital revolution appears to be limited to accounting, real estate and insurance, and printing.

This data suggests the following two assumptions. First, while the digital revolution undoubtedly replaced certain jobs with the use of computers, it did virtually nothing to create new employment opportunities beyond making up for the lost jobs. In general terms, it is impossible for new technologies to create new jobs that will more than compensate for job losses that result from technological innovation. Second, what made up for job losses associated with the digital revolution was an increase in jobs linked to changes in social and economic environments that have nothing to do with computerization.

Indeed, the aging of the population, which progressed independently of the digital revolution, led to a sharp increase in the number of people engaged in jobs necessary for an aging population: eldercare and medical nursing. Likewise, the growing ranks of double-income households unrelated to the digital revolution increased the number of workers whose jobs were necessitated by social trends, that is, childcare and cooking.

We are now in the Fourth Industrial Revolution — driven by AI and (C) robotics. Joint research by the Nomura Research Institute and the University of Oxford has predicted that by 2030, one out of every two workers will lose their jobs. If that forecast turns out to be correct, it seems difficult to imagine that enough new employment opportunities will be created for all those workers — roughly 33 million in Japan alone — who will have lost their jobs. If no measures are taken, AI and robots are certain to place humankind into a (36) state of despair.

The Nomura-Oxford research, however, does not leave us in complete darkness without any hope. The study makes clear that AI can learn clear-cut knowledge, but is not good at handling knowledge that cannot be expressed in words, numbers, or mathematical formulas. Consequently, there should be many jobs whose probability of disappearing may run counter to our common knowledge.

Everybody wants to be a contributing member of society through work. To be excluded from such an opportunity for an extended period of time can cause unbearable pain. A deep sense of uncertainty or worthlessness will be felt by anybody living in a society where one person out of every two is possibly excluded from work. We must continually search for a way to happily co-exist with AI and robots in the short- and long-term future.

The Japan Times (2018 年 10 月 18 日)掲載の"What jobs will be lost to AI and robotics?"をもとに作成。

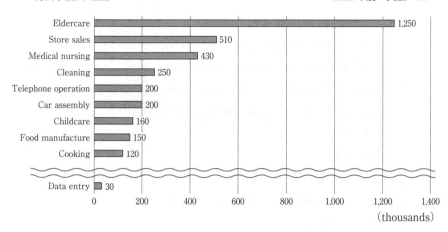

Figure 1. The types of jobs that increased in the number of employees（1995-2010）

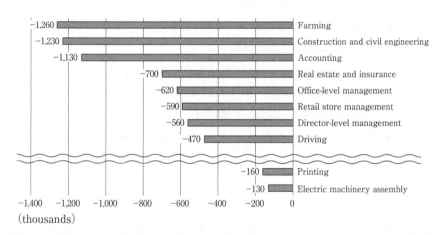

Figure 2. The types of jobs that decreased in the number of employees（1995-2010）

グラフは『会社四季報 業界地図』2016 年版をもとに作成。

問1　カッコ内に入るべき最も適切なものはどれか。

31）Look at the type of job which saw the greatest increase in the number of employees in Figure 1. This trend was caused by（　　）.

    1.　the digital revolution

    2.　the increase of investment in public works

    3.　the rapid progress of the aging society

32) Between 1995 and 2010, the number of employees working in eldercare increased more than those working in childcare by (　　　).

    1.　1,090

    2.　1,410

    3.　1,090,000

33) Agricultural jobs began to decline (　　　).

    1.　after 2010

    2.　before 1995

    3.　between 1995 and 2010

34) What made up for job losses associated with the digital revolution was an increase in jobs (　　　).

    1.　connected to changes in the socio-economic environment

    2.　created by people with ICT literacy

    3.　linked to the digital revolution

35) There were approximately (　　　) million workers in Japan in 2018.

    1.　sixteen point five

    2.　sixty-six

    3.　thirty-three

36) The word that best rephrases the underlined word, "measures," is (　　　).

    1.　actions

    2.　rulers

    3.　systems

37) To (　　　) for a long period of time can cause deep pain.

    1.　be excluded from work opportunities

    2.　make use of AI and robots at work

    3.　remain in a stable employment situation

問 2　　下線部(C)の AI は何の略か。英語で書きなさい。(**解答用紙(その 3)を使用すること**)

問 3　　次の問いに日本語 150 字以内で答えなさい。

　　　　日本において 2030 年ごろまでは AI やロボットに代替されず，かつ雇用が増加すると考えられる職業にはどのようなものがあるか。具体的な職業を 1 つ取り上げ，その理由を，本文の内容をふまえて説明しなさい。なお，取り上げる職業は，本文で言及されていないものでもよい。(**解答用紙(その 3)を使用すること**)

解答編

英語

1 **解答**　設問A．1)－2　2)－3　3)－1　4)－2
　　　　　　5)－3　6)－2　7)－3　8)－1　9)－2
10)－1
設問B．全訳下線部参照。

◆全　訳◆

≪消費の意味の変遷≫

　我々は物に囲まれて暮らしている。通常のドイツ人は1万個以上の物を所有している。ロサンゼルスでは，中流階級の家のガレージには，もはや自動車ではなく数百個の箱に入った持ち物が収蔵されていることが多い。2013年のイギリスは，60億品目の衣料品のあるところであった。これは大人1人につきざっと100品目くらいになり，そのうちの4分の1は決してクローゼットから出ていくことはない。もちろん，人間は常に物を所有していて，それらを生きていくためだけでなく，儀式に使ったり並べたり楽しんだりもした。しかし，現代以前の村で，あるいはその土地に長年住んできた部族で所有されていた品は，山のようにどんどん増えていく物と比べるとたいしたことはないのである。蓄積の方法がこのように変化したことには，人間と物との関係に歴史的な変化があったことが関わっていた。現代以前の村——そこではほとんどの品物が贈り物として渡されたり配達されたりしていた——とは対照的に，現代社会では物は主に市場で購入される。より迅速に我々の生活を通り過ぎていくのである。

　過去数百年間で，物の獲得と使用——つまり消費行動——は，我々の生活の中の典型的な特徴となった。どんな時代の人間でもたった1つのアイデンティティを持っていたと考えるのは誤りで，特定の役割が支配的で社会とその文化を定義する時代があるのである。ヨーロッパでは，中世盛期に騎士の社会の台頭が起こった。宗教改革は1つの信仰が別の信仰に対抗

して起こったものであった。19 世紀には，商業社会が資本家と賃金労働者からなる工業部門の社会に道を譲った。労働は今日も重要なままだが，工場と労働組合の初期の日々に比べれば，我々を規定する度合いははるかに小さい。戦士や労働者ではなく，我々は以前にもまして消費者なのである。裕福な世界では——ますます発展しつつある世界でも——，アイデンティティや政治や経済や環境は，我々が何をどう消費するかによって不可避的に形成される。好みや外見や生活スタイルは，我々が何者であるか（あるいは，何者になりたいか）を明らかにし，他人が我々をどう見るかを明らかにするのである。政治家は公共事業を商品が並んだスーパーマーケットのように扱い，それが市民により大きな選択権を提供してくれることを期待する。今度は，多くの市民が，ボイコットやバイコットで自分たちのお金の力を行使することによって，社会的政治的目標を前進させようと努力する。進んだ経済は，彼らが広告やブランド戦略や消費者金融などの助けを借りて高いレベルの消費を刺激したり維持したりできるかによって，生き延びることもあれば死ぬこともある。我々のライフスタイルは化石燃料で奮い立たされる。20 世紀には，1 人当たりの炭素排出量が前世紀の 4 倍になった。現在，輸送とより多くの設備にあふれたより大きくて快適な家屋とで，全世界の二酸化炭素排出量の半分弱を占めている。今まで以上に肉を食べることで，窒素循環は深刻なほどに妨げられてきた。物を作ったり配送したりする過程で放出される排出量も計算に入れると，消費者たちはより深く関わっているであろう。また，物がその命を終えるときには，ヨーロッパからの多くの壊れたテレビやコンピュータが，ついにはガーナやナイジェリアのような国々に移動することになり，貴重な素材を別に取り出すときに病気や汚染を引き起こすのだ。何をどれくらい消費するかは，今日最も急を要するが困難でもある問題なのである。

　歴史上のほかの重要な概念と同様に，消費は時代を通じて固定した意味を持っていた訳ではなかった。その言葉はもともとラテン語の consumere という単語に由来していて，12 世紀に初めてフランス語に現れ，そこから英語や他のヨーロッパ言語にたどり着いたのだ。当時，その語は使い尽くして物質が物理的になくなるという意味であった。食品，ロウソク，薪などは使い果たされていたのだ。病気に襲われた体もそうであった。ややこしいことに，似たような響きの consummare という語があり，キリス

トの最後の言葉「終わりだ」にある通り，何かを終了するという意味なのである。実際の用法では，"waste「無駄に使う」"と"finish「終える」"が1つにまとめられることが多かった。

　17世紀から20世紀の間に，その語は奇跡的な変化を受けた。consumption「消費」という語は，次第に waste「無駄に使う」や destruction「破壊」の意味がなくなり，代わりに前向きで創造的な語になった。17世紀末から，経済評論家たちは，商品やサービスの購入は個人の欲求を満たすだけでなく，その過程で生産者や投資家のために市場を拡大することによって国家を豊かにしたのだと主張し始めた。高価な服などのような個人の虚栄心は，少なくとも物質的な意味においては公共の利益をもたらすこともあった。そのようなつながりは，昔からの倫理的確信を乱してしまった。素晴らしい業績の1つとして，1776年のアダム＝スミスの『国富論』がある。この中で，彼は「消費とはすべての生産の唯一の結果であり目的である」と主張した。自分自身の主張にもかかわらず，スミスと彼の直接の後継者たちは，成長が持続しうるものだと想像することから離れていたのは言うまでもなく，消費を経済学の中心にすることからも依然としてやや離れていた。こうしたことは，1860年代から1870年代にかけて W. S. ジェヴォンズらが価値を創り出すのは労働ではなく消費であると主張するまで待たねばならなかった。

　『消費者社会』は経済学の思想の中で始まったかもしれないが，それが完成したのは政治学によってであった。1900年前後の数年間に，「消費者」は，社会改革を推進するためにお金の力を行使する「市民」の対のもう一方として，最初はアメリカとイギリスで，しかし間もなくフランスやヨーロッパの他の場所で，政治の舞台に登場した。会社や広告主が消費者を市場の『王様』に祭り上げたのは，この直後，つまり大量生産され規格化された商品が軌道に乗った，両大戦間の数年であった。その後の数十年間で，保健や教育やスポーツのサービスを利用する人々が，「消費者」と呼ばれ始めた。その後，1960年代までに，観察者たちは全く新しいタイプの社会，『消費者社会』を見つけることになった。20世紀末までには，消費されるのはもはや単なる商品やサービスではなく，情緒や経験になっていた。にもかかわらず，古くからある「使い果たす」とのつながりは完全に失われることはなかった。19世紀ドイツの歴史経済学の祖であるヴ

ィルヘルム＝ロッシャーはかつて，コートはその繊維がほころびて初めて消費されたことになるのだと述べた。意味深長だが，"consumption" を表すために 1880 年代に作られた日本語は，消費のままであり，その語は「費やす」と「消す」を組み合わせたものである。この惑星の資源には限りがあることに我々が今一度気づきつつある時代に，消費という概念は多くを語ってくれる。

━━━━━━◀解　説▶━━━━━━

設問Ａ．1）当該箇所の意味は「2013 年のイギリスは，60 億品目の衣料品の…であった」となる。第 1 段第 1 文（We live surrounded …）にあるように，現在の私たちが物に囲まれて生きていることのイギリスの例である。第 3 文（In Los Angeles, …）に，アメリカでガレージが倉庫のように使われている例が述べられており，比喩的に 3．「倉庫」も考えられるが，空所の後に to があることから，2．「家」が最も適切である。1．「工場」　be home to ～「～が存在するところである，～の拠点である」

2）まず，the growing mountain of は「どんどん増えていく山のような…」という意味であり，後ろには名詞がくる。よって，これに続くのは things である。次に，when について考える。この when を接続詞と考えると，主語と動詞が必要になってくるのだが，「～とき」という意味で用いられているのであれば，主語と be 動詞が省略される場合もある。よって，when placed というつながりになる。これに続くのは場所（前置詞＋名詞）である可能性が高く，next to がくると考えられる。さらに，接続詞の or は等位接続詞で，A or B「A あるいは B」の形になっていると推測できるが，同種の A，B になり得るのはこの場合，空所直前の a pre-modern village と選択肢の中の a native tribe であろう。最後にこの文の動詞であるが，pale が候補となり，pale in comparison で「たいしたことない」という意味の成句を作っている。よって完成文は，(But the possessions in a pre-modern village) or / a native tribe / pale in comparison / when / placed / next to / the growing mountain of / things(.) となり，4 番目にくるのは 3．when である。

3）直後に in short「つまり」で言い換えている語が consumption「消費」なので，これに最も意味が近い表現を選ぶことになる。よって，1．「（物の）獲得と使用」が最も適切である。2．「調査と返却」　3．「製造

と分配」

4）当該文の前半は「労働は今も重要なままである」となっており，その後に接続詞 but が用いられているので，後半は前半と対照をなす表現になっていると考えられる。よって，「（我々を規定する度合いは）はるかに少ない」という意味になる2が最も適切である。

5）当該文後半が「それが市民により大きな選択権を提供してくれることを期待する」となっていることから，選択肢を数多く提供できるものを選ぶことになる。この第2段（In the last … of our day.）の趣旨が我々の消費行動の説明であることを考え併せると，最も適切なものは3.「スーパーマーケット」である。

6）buycott は boycott から生まれた造語で，買う行動を通して企業を評価することである。意味を知らなくても and で結ばれていて boycott とは異なる意味をもつと考えられる。boycott は「ボイコット」として日本語としても使われている通り，「購買を拒否する」という意味である。よって，これと対照的な意味をもつ2が最も適切である。

7）当該箇所は「それら（彼ら）の命の最後に」という意味であるが，直後に「多くの壊れたテレビやコンピュータ」が続いていることから，their にはテレビやコンピュータも含まれていると考えられる。よって，3．things が最も適切である。

8）当該文は「当時，その語は使い尽くすことと物質の物理的な…を意味していた」という意味になる。よって当該箇所には「使い尽くす」と同じような意味の語が入ると考えられる。よって，1．「消耗されること，枯渇すること」が最も適切である。2．「展示」　3．「遠征」

9）直後の「彼自身の主張」とは，前文の第4段第6文（A major achievement …）の「『消費とはすべての生産の唯一の結果であり目的である』」の部分である。この内容と当該文の「消費を経済学の中心にすることから離れていた」という趣旨は相反している。よって，「〜にもかかわらず」という意味をもつ2が最も適切である。1．「〜の前に」　3．「〜なしで」

10）第4段第6文（A major achievement …）で，アダム＝スミスが『国富論』を著し，消費の重要性に言及したことが述べられているが，続く第7文の Smith and 以下で，彼は経済における消費の重要性には気づ

けなかったという記述があり，1 は本文の内容と合致しない。2 は，第 2
段第 14 文（In the twentieth …）から第 18 文（And, at the …）の内容
に合致している。3 は，第 5 段第 4 文（In the next …）および第 5 文
（By the late …）の内容に合致している。

設問B．when は an age「時期，時代」を先行詞とする関係副詞であり，
planet までが関係詞節である。主節の動詞は has であるが，have a lot
to say for oneself で「多くを語る」という意味になる。

2 解答 Having worked abroad for a long time, I have found that each country has its own different idea about happiness.

◀解　説▶

「長く仕事をするうちに」は「長い間仕事をする間に」と捉えられる。
While working としてもよい。「海外で」abroad 「長く」for a long
time

「幸福に対する考えが国によって大きく違う」はいろいろな表現が可能だ
が，「それぞれの国が幸福に対して全く違う考えをもっている」とすると，
each country has its own different idea と，比較的基本的な文型で英文
を作れる。

3 解答 11) － 2　12) － 1　13) － 2　14) － 2　15) － 3
16) － 1　17) － 2　18) － 2　19) － 2　20) － 2

◆全　訳◆

≪沈黙のボー≫

　夜が明けてパリのあのうすら寒い 11 月の朝がやって来たとき，私は重
要な新しい依頼主と会うために事務所へ車を走らせていた。あまり眠れて
いなかったが，大切な訓練のセッションの前には夜眠れなくなることが多
かったので，それは珍しいことではなかった。

　事務所に到着した後，私は会議室を整頓することと，その日のために前
もって作っておいたメモを見直すことにエネルギーを注いだ。その日，私
は自動車メーカーのプジョー・シトロエンの最高経営幹部と過ごすことに
なっていた。幹部とその奥さんに，来るべき中国の武漢への異動の際に必

要となる文化適応の準備をさせるためであった。このプログラムがうまくいけば，私の会社は採用され，その年のうちにさらに 50 組の夫婦に対して同じサービスを提供できるだろう。つまり，大きな賭けだったのだ。

　その訓練のセッションで手伝ってくれることになっていた，中国の専門家のボー＝チェンも，早々に到着していた。武漢出身でパリを本拠とする36 歳のジャーナリストのチェンは，中国の新聞社で働いていた。彼は訓練のために中国文化の専門家役を買って出てくれ，彼の貢献は 1 日を実のあるものにする上で最も決定的な要素の 1 つであろう。彼が私の期待通りに優秀であれば，プログラムは成功し，私たちは引き続き行われる 50 のセッションを実行できるようになるだろう。チェンに対する私の信頼は，準備のミーティングによってさらに高まっていた。表情豊かで，社交的で，とても知識が豊富なので，チェンはこの仕事に申し分ないように思われた。私は彼に，私がプログラムで扱うそれぞれの文化的な面を説明する 2 〜 3 のビジネス上の具体例を用意するように依頼してあった。彼は用意すると熱意をもって確認してくれていた。

　バーナード夫妻が到着して，私は 2 人を大きなガラステーブルの片側に，チェンを反対側に座らせた。期待に満ちた深呼吸をして，私はセッションを開始し，バーナード夫妻の中国での時間がうまくいくよう理解しておく必要がある文化的な事柄をフリップで大まかに説明した。朝がゆっくりと過ぎていくにつれ，私はカギとなる事柄のそれぞれの側面を説明し，夫妻の質問に答えた。同時にチェンの参加を促すために彼を注意深く見つめた。

　しかし，チェンには何のアイデアもないように見えた。セッションの最初の部分を終えた後，私は一休みして彼の反応を期待したのだが，彼は口を開かなかった。口を開くことも，身を乗り出すことも，あるいは手を挙げることもなかった。どうやら彼は提供すべき例がないようだった。用意ができていないときに呼びかけて，チェンを当惑させたいわけでも，気まずい状況を作りたいわけでもなかったので，ただ次の段階に続けることにした。

　ますます失望したことには，私が残りのプレゼンを終えたときにもチェンは黙ったままでほとんど動くこともなかった。私が話している間，彼は礼儀正しくうなずいていたが，それだけだった。彼は他のボディランゲージを使って肯定であれ否定であれ，何ら反応を示すことがなかった。私は

思いつく例はすべて与えて，できる限り心を込めて依頼人との会話に集中
した。どんどん段階を進めて，私はバーナード夫妻と話をし，打ち解けあ
い，意見を求めあった。どんどん段階が進んでも，チェンから貢献が加え
られることはなかった。

　私はまるまる3時間セッションを続けた。最初に感じたチェンへの失望
は完全にパニックへと悪化していた。プログラムを成功させるためには，
彼に参加してもらうことが必要だったのだ。とうとう，依頼人の前で気ま
ずい瞬間を作りたくはなかったのだが，私は賭けてみようと決心した。
「ボー」と私は尋ねた。「あなたは共有したい例はあるかしら？」

　チェンは椅子にまっすぐ座り直し，依頼人に自信ありげにほほ笑んでか
らノートを開いた。そのノートにはどのページにもメモがびっしりタイプ
されていた。彼は答えた。「ありがとう，エリン。あるよ」　それから私が
喜び驚いたことに，チェンは明快で適切で魅力的な例を次から次へと説明
し始めたのだ。

　「沈黙のボー」との気まずい戦いを考えてみると，チェンの人間性や私
の人間性や2人のやり取りに関する何かが，そのような緊張した状況につ
ながったのだと考えることは自然である。ことによると，チェンはコミュ
ニケーションがあまり得意ではないから，あるいは内気で大人しい性格で，
強要されるまでは自分を表現するのが心地よくないから黙っていたのかも
しれない。あるいは私がひどい主催者だから，チェンにミーティングの準
備をするように言っておきながら，セッションがほぼ終わるまで発言を求
めることができなかったのかもしれない。

　実は，以前のチェンとのミーティングで，彼が無口でも内気でもないこ
とははっきりわかっていた。彼は，実際コミュニケーションの能力があり，
親しみやすさと自信に満ち溢れていたのだ。さらに言えば，私は依頼人と
のミーティングを何年間も実施してきたが，今回と同じような断絶を経験
したことは一度もなかった。そのことから，主催者としての私の技能が問
題の原因ではなかったことがわかる。

　真相は，沈黙のボーの話は文化の話であり，性格の話ではないというこ
とである。しかし，文化の説明はあなたが思っているほど単純なものでは
ない。ミーティングの時のチェンの振る舞いは，よく知られている文化の
紋切り型と同列のものなのだ。西洋人は，アジア人は概して静かで無口で

内気であると考えることが多い。アジア人と西洋人の両方を含む世界的なチームを監督する場合，西洋人のよくある不平（チームのミーティングで，アジア人の関係者はあまり話さないし，個人的な意見を述べるとあまり率直でない）を耳にする可能性は非常に高い。それでも，その文化の紋切り型はチェンの振る舞いの背後にある実際の理由を反映している訳ではない。

　バーナード夫妻とチェンと私は異文化間交流の訓練プログラム（私が指導していることになっていた――とは言え，今ではきまり悪いことに生徒の役なのだが）に参加していたので，私はチェンに単純に彼の行動の説明を求めることに決めた。「ボー」 私は叫んだ。「あなたは素晴らしい例をこんなにも持っていたのよ！　どうしてもっと早く会話に入ってきて私たちと意見を分かち合ってくれなかったの？」

　「君は私が会話に入ってくるのを期待していたのかい？」 彼は心から驚いている様子を顔に浮かべて言った。続いて，彼は自分が目にしていた状況を説明した。「この部屋では」と，彼はバーナード夫妻のほうを向いて言った。「エリンがミーティングの議長だよ」 彼は続けた。「彼女が部屋で上位の人だから，彼女が求めてくるのを待つべきなんだ。そして，私が待っている間は，声も体も静かにして，自分がよい聞き手であることを示すべきなんだ。中国では，私たちはよく西洋人がミーティングで大声で話しすぎると感じている。また，中国人は，話に入ってくるまでに西洋人よりもさらに数秒黙ったままでいることに私は気づいたんだ。私は，話に入っていけるぐらい長くエリンが黙っていてくれるのを待っていたのだけれど，私の順番はやってこなかった。もし適当な長さの沈黙が起こっていたら，私は意見を1つ言いたかったのだけれど。しかしエリンはずっとしゃべっていたので，私は我慢強く待っているしかなかったんだ。母がこう言ってくれた言葉を私は深く刻み込んでいるよ。お前には目が2つある。耳も2つある。でも口は1つしかない。それらを相応に使うべきだよ」

　チェンが話していくにつれ，私たちの誤解の基になっている文化的なものがバーナード夫妻にとって――そして私にも――鮮明になった。それらが「内気な中国人」についての表面的などんな紋切り型をも超えていることは明白だった。この新しい理解は，何よりも重要な質問につながった。ある状況を形作っているものが文化的な状況だとひとたびわかれば，それをもっと効果的に扱うためにとれるステップは何だろうか？　沈黙のボー

のシナリオでは，ボーの振る舞いの意味を私がもっと深く知ることによって，簡単な，それでいて非常に強力な解決法が見つかるのだ。

■━━━━━ ◀解　説▶ ━━━━━■

11)「以下のうち，エリンについて正しいのはどれか」

1.「彼女は常に，夜間に睡眠をとるのが困難である」

2.「彼女はビジネスに関するコミュニケーションのコンサルタントである」

3.「彼女は有名な自動車会社の重役である」

　第 2 段第 2 文（I would be …）の後半部分に，「彼とその奥さんに，来るべき中国の武漢への異動の際に必要となる文化適応の準備をさせる」という説明があり，これが彼女の仕事であると考えられる。よって，2 が最も適切である。

12)「その日がエレンにとってとても大切だったのは…からである」

1.「その日を成功裏に終えれば，もっと仕事がもたらされる」

2.「文化適応のトレーニングを提供することが彼女にとっては不慣れであった」

3.「依頼人が追加の金額を提示した」

　第 2 段第 3 文（If the program …）に，「このプログラムがうまくいけば，私の会社は採用され，その年のうちにさらに 50 組の夫婦に対して同じサービスを提供できるだろう」とあるように，この日の仕事がうまくいけばさらに仕事が増えることになるのだとわかる。よって，1 が最も適切である。

13)「ボー＝チェンはどのようなタイプの人物であるとわかるか」

1.「偽善的」　2.「きちんとした」　3.「内気な」

　第 3 段第 6 文（Expressive, outgoing, and …）で彼の人となりが「表情豊かで，社交的で，とても知識が豊富で，この仕事に申し分ない」と説明されている。ミーティングの最中に彼が内気なのではないかとエリンが心配する記述があるが，誤解が解けて第 10 段第 1 文（In fact, my …）や第 11 段第 1 文（The truth is …）で，ミーティング前の彼に対する評価を再確認しており，これに合致するのは 2 である。

14)「以下のうち，バーナード夫妻について正しいのはどれか」

1.「2 人は訓練のセッションの間黙ったままだった」

2．「2人は間もなく中国に転居する」

3．「2人はエリンが学生だと知って驚いた」

　第2段第2文（I would be …）に「来るべき中国の武漢への異動」とあり，異文化生活に慣れるためのセッションが企画されたのである。よって，2が最も適切である。

15）「チェンが話し始めたとき，エリンはどのように感じたか」

1．「いらいらした」　2．「不快になった」　3．「安心した」

　第8段最終文（And then, to …）に「私が喜び驚いたことに」とあるように，チェンが話し始めたとき，エリンは喜んだことがわかる。また，第7段（I continued for … like to share?"）にもあるように，エリンはセッションの成功に不可欠なチェンの話をずっと待ってパニックになっていたので，この状況に最も合致している感情は3である。

16）「チェンが会話に入ってこなかったのはなぜか」

1．「無作法だと思われたくなかった」

2．「あまり言うべきことがなかった」

3．「筆者の支援をすべきではないと考えた」

　第13段（"Were you expecting … use them accordingly."）のチェンの発言にみられるように，彼は目上の人間（この場合はエリン）が話している最中に割り込んで口を開くべきではないと考えている。それが無礼な行為に映ると思っているからである。この趣旨に合致しているのは1である。

17）「以下のうち正しいのはどれか」

1．「異文化間の誤解を克服することは不可能である」

2．「エリンは，ボー＝チェンが準備をしていないと勘違いした」

3．「紋切り型は常に異文化間の問題を解決するのに役立つ」

　第5段第1文（But Chen didn't …）および第4文（He seemingly had …）にあるように，エリンはチェンが何の準備もしていないから口を開かないのだと考えていたことがわかる。また，実際にはそうでなかったことも第8段（Chen sat up … example after another.）から読み取れる。この趣旨に合致しているのは2である。

18）「チェンに説明を求めたとき，エリンは…」

1．「チェンを大いに当惑させ，気まずい状況を作った」

2．「最終的に異文化間の理解の現実的な教訓のきっかけを作った」

3．「とうとうバーナード夫妻に自分たちの気持ちを話す機会を与えた」

　本文の内容は，エリンがチェンの沈黙について異文化ゆえの誤解をしていたというものである。彼女がそれを知ったのは，チェンが雄弁に語り始めたときである。この趣旨を表している最終段第 1 文（As Chen spoke, …）に合致しているのは 2 である。

19)「『沈黙のボー』の話の中で誤解の原因となったものは何か」

1．「利害の衝突」　2．「文化の違い」　3．「パーソナリティ障害」

　第 11 段第 1 文（The truth is …）および最終段（As Chen spoke, … very powerful, solutions.）で，この話の誤解の基になったものについての考察が述べられている。それは文化的なもので，西洋文化と東洋（中国）文化の違いに象徴されている。よって，2 が最も適切である。

20)「次回エリンが中国文化の専門家と仕事をするとき，彼女はおそらく…だろう」

1．「普段と変わらず同じことを話し続ける」

2．「その専門家に口を開くための時間をもっと与える」

3．「まったく何も言わずにセッションの間ずっと座っている」

　第 13 段第 8 文（I kept waiting …）に，チェンは「話に入っていけるようにエリンが黙っていてくれるのを待っていた」とある。また，その前文（Also, I have …）でチェンが言わんとしていることは，欧米人は話に入るために与える間が中国人より何秒か少ないということである。つまり，エリンがそのための時間を増やさないと，中国人が話に入ってくることは難しいのである。したがって，次回エリンは 2 のように振る舞うはずである。

4　**解答**　21) 2　22)－3　23)－1　24)－2　25)－2
　　　　　　　26)－1　27)－2　28)－3　29)－1　30)－1

◆━━◆全　訳◆━━◆

≪時間の目印≫

　人生のある時点で，あなたはおそらく新年の決意をしたであろう。ある年の 1 月 1 日に，あなたは酒量を減らし，運動を増やし，毎週日曜には母親に電話しようと決意した。あなたはその決意を守り，自己の健康と家族

関係を改善したかもしれない。あるいは，２月までには，あなたは母親からのスカイプのリクエストを無視し，３杯目のコークを飲みながら，ソファに座ってネットフリックスの映画を見ていたかもしれない。しかし，あなたの決意がどのような運命をたどろうと，自分自身をやる気にさせるために選択した日付は，始まりがもつ力のある側面を明らかにしてくれる。

　１年の最初の日は，社会科学者が「時間の目印」と呼んでいるものである。人間が空間を移動するのに目印を当てにする——家に帰るためには，ガソリンスタンドの所で左に曲がる——のと全く同様に，私たちは時間を進んでいくのにも目印を利用する。特定の日付が，このガソリンスタンドのような働きをするのだ。それらの日付は，連続していて忘れやすい他の日々の行進の中でよく目立っており，その際立ち方は私たちが進んでいくのに役立っている。

　2014年に，ペンシルベニア大学ウォートン校出身の３人の学者が，タイミングの科学の分野で革新的な研究論文を発表したが，その文書は，時間の目印がどのように作用し，私たちがより良い始まりを構築するのにそれらをどう利用できるのかについての理解を広げてくれるものであった。

　ハンチェン＝ダイ，キャサリン＝ミルクマン，ジェイソン＝リースは，８年半にわたってグーグル検索を分析することからスタートした。彼らは，"diet（ダイエット）" という語の検索が毎年１月１日に，通常の日の80％以上も跳ね上がることを発見した。おそらくそれは驚くにはあたらない。しかし，検索はカレンダーのあらゆる周期の始めの部分——毎月の１日や毎週の最初の日——にも向けられていた。検索は国民の休日の後の最初の日でも，10％増加していた。「最初」を表す日にまつわる何かが，人々の動機づけにスイッチを入れたのだ。

　研究者たちは，体育館にも似たようなパターンがあることに気づいた。学生がトレーニング施設に入るためにカードを通さなければならないような大きな大学で，研究者たちは日々の体育館利用者数に関して，１年分以上に値するデータを集めた。グーグルの検索の場合と同様に，体育館利用者は「新しい週，月，年の始まりで」増加した。しかし，学生たちが寮を出てランニングマシンに乗るように仕向けたのは，これらの日付だけではなかった。学生たちは，新学期の始まりの日と学校の短期休暇後の最初の日の両方で，より多くトレーニングをしていた。彼らはまた，誕生日の直

後にも体育館を訪れていた。

　グーグルを検索する人や大学で運動をする人たちにとって，カレンダー上のいくつかの日は他の日よりも重要であった。人々がそれらを使っていたのは，「時間の経過を区切る」ためであり，ある時期を終わらせて別の時期をまっさらな状態から始めるためであった。ダイ，ミルクマン，リースの３人は，この現象を「フレッシュスタート効果」と呼んだ。

　フレッシュスタートを定着させるために，人々は２種類の時間の目印——社会的なものと個人的なもの——を使った。社会的な目印は，だれもが共有できる目印——月曜日や新しい月の始めや国民の休日——だった。個人的な目印は，個人に特有のもの——誕生日や記念日や転職——だった。しかし，社会的であれ個人的であれ，これらの時間の目印は２つの目的にかなっていた。

　第一は，目印のおかげで，「心の新しいアカウント」を開くことができたという点である。それはちょうど企業が一会計年度の終わりに帳簿を閉じて，次の年度に向けて新しい帳簿を開くのと同様である。この新しい期間は，これまでの古い自分を過去に移動させて再出発する機会を与えてくれる。それは私たちを過去の自分の間違いや欠点から切り離してくれ，新しいより優れた自己への自信を持たせてくれるのである。その自信によって強化され，私たちは「過去の自分よりも良い振る舞いをし，より強い情熱で願いを達成しようと努力する」のである。１月には，広告主がしばしば「新しい年，新しいあなた」という文句を使う。私たちが時間の目印を採用する時には，それこそが頭の中で流れている文句なのである。

　この時間の目印の二つ目の目的は，森を見ることができるように木から自分を振り落とすことである。時間の目印は，日々のつまらない事柄への注意を一時中断し，人生の大きな青写真を描かせてくれ，目標達成に集中させてくれる。あの空間の目印について再度考えてみよう。何マイルも車を走らせても，周りにあるものにほとんど気づかないかもしれない。しかし，角にあのガソリンスタンドがあれば，注意を払うことができる。フレッシュスタートの日付についても同様である。

　その後の研究で，ダイ，ミルクマン，リースは以下のことを見つけた。つまり，そうしなければ平凡な１日に個人的な意味合いで色をつけることは，新しい始まりを動かす力を生み出してくれるということである。たと

えば，3月20日が春の始まりだと宣言されていたときには，その日付は，単にその日を3月の第三木曜日と特定する以上に効果的なフレッシュスタートを提供してくれていた。自分にとって個人的な意味がある日——子どもの誕生日や配偶者と初めてデートした記念日——を特定することで，間違ったスタートを消し去って新たに始める手助けをしてくれる。

　元日は長きにわたって，私たちの行動に特別な力をもっていた。私たちはカレンダーをめくり，何も書かれていない美しい四角形をすべて一瞥し，人生の新しい会計の帳簿を開くのである。しかし，私たちがそれをするのは通常無意識のうちであり，自分が当てにしている心理学的なメカニズムには気づいていないのである。フレッシュスタート効果のおかげで，私たちは同じテクニックを——意識的にではあるが——複数日で使うことができる。結局のところ，新年の決意はほとんどその効果が保証されていないのだ。研究でわかっているのは，新年が始まって1カ月たつと，続けられている決意はわずか64パーセントしかないということである。自分自身の時間の目印を構築すること，とりわけ個人的に意味のある目印を構築することは，私たちにさらに多くの機会——ひどい始まりから立ち直って，もう一度スタートする機会——を与えてくれるのだ。

■■■■■ ◀解　説▶ ■■■■■

21) resolve には「～を決心する，決意する」という意味があるので，2．decided「～を決意した」が最も適切である。resolve の意味を知らなくても，1月1日に「酒量を減らす」「運動をする」などと resolve する，と考えることで類推可能である。1．ceased「～をやめた」　3．requested「～を頼んだ」

22) markedness は「印がついていること，目立っていること」という意味である。よって，3．prominence「目立つこと」が最も意味が近い。ここでは landmark「目印」の性質を説明しているので，「目立つ」は類推可能である。1．height「高さ，身長」　2．obscurity「不明瞭，あいまい」

23) groundbreaking は「独創的な，革新的な」という意味である。よって，1．cutting-edge「最先端の」が最も意味が近い。この語が修飾している「研究論文」について同文中に「私たちの理解を広げてくれる」と説明が加えられているので，groundbreaking は学術的に肯定的な意味をも

つ語であると推測できる。2．ready-made「出来合いの，既製の」　3．time-saving「時間の節約となる」

24）soar には「急上昇する」という意味があるので，2．increased「増加した」が最も近い意味をもつ。この語の場合も，「"diet（ダイエット）"という語の検索が毎年1月1日に，通常の日の80パーセント以上も soar した」という意味になることから類推可能である。1．appeared「現れた」　3．started「始まった」

25）out of the dorm and onto a treadmill の意味は「寮を出てランニングマシンに乗る」となるが，これは「運動をすること」を具体的に描写した表現である。よって，2．exercising「運動すること」が最も意味が近い。1．exclaiming「叫ぶこと」　3．expanding「広がること」

26）with a clean slate は成句で，「一点の汚点もない経歴で，白紙の状態で」という意味である。これに最も近いのは，1．all anew「何もかも最初からもう一度」である。この成句の意味を知らなくても，当該箇所が「ある時期を終わらせて別の時期を…始める」となることから類推可能である。2．all in one「1つで全部を兼ねて」　3．all the same「それでもやはり」

27）open a "new mental account" は「『心の新しいアカウント』を開く」という意味になる。これが表すものは，同第8段第2文（This new period…）で述べられているように，「これまでの古い自分を過去に移動させて再出発する」ことである。よって，2．forget the past and make a new start「過去を忘れて新しいスタートを切る」が最も意味が近い。1．create a new bank account「新しい銀行口座を作る」　3．start writing a new diary「新しい日記を書き始める」

28）shake us out of the tree so we can glimpse the forest を和訳すると，「自分を木から振り落として森（全体）が見えるようにする」となる。つまり，視界をよくして全体が見えるようにすることで，最終的なゴールへの道筋を確認できるのだということを示唆している表現であると考えられる。これに最も近いのは，3．remind us of our ultimate goal「私たちに最終的な目標を思い出させる」である。1．let us get rid of our material possessions「私たちに物質的所有物を捨てさせる」　2．prevent us from climbing the tree「私たちが木に登れないようにする」

29) proclaimed は「～を宣言した」という意味であり，これに最も近いのは，1．declared「～を宣言した」である。動詞 proclaim の意味がわからない場合でも，当該箇所は「3月20日を春の始まりだと proclaim した」という意味になるので，3つの選択肢比較により正解が可能である。2．mistook「～を間違えた」　3．removed「～を撤去した」

30) unwittingly は「知らないうちに，無意識に」という意味の副詞である。これに最も意味が近いのは，1．unintentionally「故意でなく，うかつに」である。この設問の場合も，当該箇所の「私たちは心理学的なメカニズムに気づかずに unwittingly にそれをする」という意味から類推が可能である。2．unnecessarily「不必要に，無駄に」　3．unofficially「非公式に」

5 　解答

問1．31)－3　32)－3　33)－2
34)－1　35)－2　36)－1　37)－1

問2．Artificial Intelligence

問3．高齢者介護がその条件に合致すると思われる。日本では 2030 年頃までは確実に高齢化が進み，介護を必要とする人口も，それに携わる介護士も比例して増え続けることが予想される。ところが，介護は直接人間が関わることが求められる仕事であり，AI やロボットが人間に代わって同じことを行える可能性は低いからである。(150字以内)

―――――◆全　訳◆―――――

≪AI とロボット化で消えゆく職種≫

経済紙の『東洋経済』電子版 2015 年 9 月 8 日付の記事で，1995 年から 2010 年までの期間に日本で労働者数が増減した職業の種類が特集されていた（表1および2参照）。増加した職業のトップだったのは高齢者介護で，店舗販売や医療看護，清掃業，保育，調理などの職業がそれに続いた。15 年という期間――この時期に社会のコンピュータ化が進んだ――で増加した職業の大部分は，日本の人口の急速な高齢化および共稼ぎ世帯数の増加と関係があった。

最大の減少がみられたのは農業部門で，続いて建設業，土木業，経理の順であった。さらに続くのは，不動産業，保険業，会社経営，小売店経営，重役クラスの管理職，運転，印刷業であった。

　農業部門での減少は，既存の傾向の延長であった。建設業の減少は，大量生産された建設資材の使用が広がったことと，政府の公共事業投資削減によるものであった。小売店や会社やその他の団体の経営者の順位が落ちたことと運転手の数が減少したことは，バブル景気後の経済不況の結果である可能性が高い。デジタル革命の影響は経理，不動産業，保険業，印刷業に限られているようである。

　このデータは以下の２つの想定を示唆している。第一は，デジタル革命によって疑いなく特定の職種がコンピュータ利用に取って替わられたが，失職の埋め合わせをした以外に，新しい雇用を生み出すためには実質的にほとんど何もしなかったということである。一般的な言い方をすれば，新しいテクノロジーが新しい仕事を作り出して，技術革新による失職を埋め合わせる以上のことをするのは不可能だということである。第二は，デジタル革命に関わって失職の埋め合わせをしたのは，コンピュータ化とは無関係な社会的経済的環境の変化と関係のある仕事の増加だったという点である。

　実際，高齢化——それはデジタル革命とは無関係に進んだものである——は，高齢化した人口に必要な仕事，つまり高齢者介護や看護に従事する人の数の急増につながった。同様に，デジタル革命とは無関係な共稼ぎ世帯がランキングを上げたことで，社会の動向によって求められている職業，つまり保育や調理に従事する労働者の数が増加したのである。

　私たちは今，AIとロボット工学によって推進された第四次産業革命の只中にいる。野村総合研究所とオックスフォード大学による共同研究では，2030 年までに労働者の２人に１人が失職するだろうと予測されている。その予想が正しいことがわかれば，失職してしまうすべての労働者——日本だけでざっと 3300 万人——に対して，新しい十分な雇用機会が作り出されるとは想像しがたい。何の手段も講じられなければ，AIとロボット工学のために人類が絶望的な状態に置かれることは確実である。

　しかし，野村とオックスフォードの研究は，私たちを何の希望もない完全な暗闇に置き去りにしている訳ではない。研究によって明らかになったのだが，AIは，はっきりとした知識を学習することはできるが，言葉や数字や数式で表現できない知識を扱うのは得意ではない。結果的に，その消滅の可能性が私たちの共通認識に反するような職業が，たくさんあるは

ずなのだ。

　誰でも，働くことを通して社会に貢献できるメンバーでありたいと思っ
ている。そのような機会から長期間排除されることは，耐えがたいほどの
苦痛を引き起こすことがある。無常や無価値の感覚を深く覚えることは，
2 人に 1 人が仕事から排除されるような社会で生きていれば誰にでもある
だろう。私たちは AI やロボット工学と将来短期的にも長期的にも楽しく
共存していく方法を絶えず探し求めなければならないのである。

■■■■■ ◀解　説▶ ■■■■■

問 1．31）「表 1 の，労働者数が最も増加した職種を見なさい。この傾向
は…によって引き起こされた」

　第 1 段最終文（A majority of …）にあるように，この期間に労働者数
が増加した職業の大部分は，「日本の人口の急速な高齢化および共稼ぎ世
帯数の増加と関係があった」と述べられている。この趣旨に合致している
のは，3．「高齢化社会の急速な進行」である。1．「デジタル革命」　2．
「公共事業への投資の増加」

32）「1995 年から 2010 年までの間に，高齢者介護で働く労働者の数は，
保育で働く労働者よりも…だけ増加した」

　両者の増え方の差を答える設問である。表 1 を見ると，高齢者介護の増
加が 125 万人，保育の増加が 16 万人なので，その差は 109 万人となり，
3 が正解である。単位が 1,000 になっていることに注意する。

33）「農業の労働者数は…に減少し始めた」

　第 3 段第 1 文（The drop in …）参照。「農業部門での減少は，既存の
傾向の延長であった」とある。つまり，農業労働者数の減少は，1995 年
〜2010 年に限ったものではなく，それ以前から減少傾向はあった，とい
うことである。よって，正解は 2．「1995 年よりも前」である。1．
「2010 年以降」　3．「1995 年から 2010 年の間」

34）「デジタル革命に関係する失職を埋め合わせたのは，…職種における
増加であった」

1．「社会経済的環境の変化と関係がある」

2．「ICT の技能を持つ人々が作り出した」

3．「デジタル革命に関わる」

　第 4 段最終文（Second, what made …）参照。「デジタル革命に関わっ

て失職の埋め合わせをしたのは，コンピュータ化とは無関係で社会的経済的環境の変化と関係のある仕事の増加だった」とある。この趣旨に合致しているのは 1 である。

35)「2018 年，日本には約…百万人の労働者がいた」

　第 6 段第 2 文（Joint research by …）および第 3 文（If that forecast …）参照。第 2 文に「労働者の 2 人に 1 人が失職する」とあり，第 3 文に「失職してしまうすべての労働者——日本だけでざっと 3300 万人——」とあることから，日本の全労働者数は 3300 万人の 2 倍であると考えてよい。よって，2 の「66（00）万人」が正解。

36)「下線部の語 "measures" の言い換えとして最も適切なのは…である」

　measure には「対策，手段」，「基準，尺度」，「程度，度合い」，「計量の単位」，「測定器具」，「法案，条例」など，様々な意味がある。当該箇所は，前文（If that forecast …）「大量に起こる失業予想に対して，十分な再雇用の機会を提供できないだろう」という内容を受けて，「何の…も取られなければ」と続いている。よって，「何らかの手段を講じなければ」というような意味になると考えられる。これに最も近いのは，1．actions「（目的を達成するための）行動」である。2．rulers「定規」　3．systems「制度，組織」

37)「長期にわたって…ことは，深い苦痛を引き起こす可能性がある」

　1．「労働の機会から排除される」

　2．「職場で AI やロボットを利用する」

　3．「安定した勤め口にとどまっている」

　第 8 段第 2 文（To be excluded …）参照。「そのような機会から長期間排除されることは，耐えがたいほどの苦痛を引き起こすことがある」とあるが，「そのような機会」とは同段第 1 文（Everybody wants to …）の「働くことを通して社会に貢献」する機会を指す。つまり，労働から締め出されることを指している。この趣旨に最も近いのは 1 である。

問 2．AI「人工知能」の A は artificial「人工の」，I は intelligence「知能」の頭文字である。

問 3．Indeed, the aging … で始まる第 5 段で述べられているように，高齢者介護や看護の分野での雇用は急増しており，しかもその理由は高齢化であってデジタル革命ではない。つまり，AI やロボットで代替できる職

業ではないということである。これを具体的職業として取り上げればよい。

❖講　評

　2022 年度は，2021 年度と同様に，大問数が 5 題で会話文問題が出題されなかった。今後この傾向が続いていくかどうか注意しておく必要がある。その他，英文の分量や，設問数およびその内容などは，大きく変わってはいない。

　1 は，消費が表す意味や対象の変遷についての約 1,000 語程度の長文読解問題である。空所補充問題や語句整序問題，内容説明問題，英文和訳問題などが出題されており，文法・語彙を含めた総合的な英語力を問う構成になっている。

　2 は英作文問題。難しい語彙を使う必要はなく，どの構文で表現するかをうまく選択してほしい。

　3 は，異文化間で起こりやすい誤解の原因について述べられたエッセイで，約 1,240 語の長文である。設問は英問英答形式で内容を説明するものが 10 問出題されている。ほぼ本文の流れに沿った順番で出題されているので，先に設問に目を通しておくなど，時間を節約する方法も重要になる。

　4 は，時間に目印を作る理由と意味について書かれた約 900 語の長文読解問題。設問は，文中の語句の意味を正しく言い換えている表現を選択する問題のみで構成されている。レベルとしては標準的で，前後の内容から正解を類推することも可能である。

　5 は，日本の労働者数の増減が見られる職種を取り上げた 610 語程度の英文による長文読解問題。内容説明問題が中心で，グラフの読み取りなども求められている。また，略語の正式名称や，日本語による 150 字以内の説明なども出題されている。

　長文読解問題の英文の分量や設問数を勘案すると，全体のレベルはかなり難度が高い。何と言っても速読力の養成が必須であろう。

2021
年度

問題と解答

■ 一般選抜（個別学部日程）：経営学部

問題編

▶試験科目・配点

方式	テスト区分	教　科	科目（出題範囲）	配点
A方式	大学入学共通テスト	外　国　語	英語（リーディング，リスニング）	50 点
		国　　　語	国語	100 点
		地理歴史または公民または数学	日本史 B，世界史 B，地理 B，政治・経済，「数学Ⅰ・A」，「数学Ⅱ・B」のうち 1 科目選択	100 点
	独自問題	外　国　語	英語の長文読解を中心として基礎力・総合力を問う問題（記述式問題を含む）	150 点
B方式	大学入学共通テスト	外　国　語	英語（リーディング，リスニング）	50 点
		数　　　学	「数学Ⅰ・A」，「数学Ⅱ・B」	150 点
		地理歴史または公民または国語	日本史 B，世界史 B，地理 B，政治・経済，国語のうち 1 科目選択	50 点
	独自問題	外　国　語	英語の長文読解を中心として基礎力・総合力を問う問題（記述式問題を含む）	150 点

▶備　考

• 合否判定は総合点による。ただし，場合により特定科目の成績・調査書を考慮することもある。

• 大学入学共通テストの得点を上記の配点に換算する。英語の得点を扱う場合には，リーディング 100 点，リスニング 100 点の配点比率を変えずにそのまま合計して 200 点満点としたうえで，上記の配点に換算する。

• 大学入学共通テストの選択科目のうち複数を受験している場合は，高得点の 1 科目を合否判定に使用する。

• 試験日が異なる学部・学科・方式は併願ができ，さらに同一日に実施する試験であっても，「AM」と「PM」の各々で実施される場合は併願が

できる。

• 試験時間帯が同じ学部・学科・方式は併願できない。

試　験　日	試験時間帯	学　　部	学　科（方　式）
2月15日	AM	経　　　営	経営（A・B） マーケティング（A・B）
	PM	総合文化政策	総合文化政策（B）

■英語■

◀A 方式・B 方式▶

(90 分)

問題 1 次の文章を読み，設問に答えなさい。

Suppose you are a doctor faced with a patient who has cancer. Unless the cancer cells are destroyed, the patient will die. There is a kind of ray that can be used to destroy the cancer cells. If the rays reach the cancer cells all at once at a sufficiently high intensity, the cancer cells will be destroyed. Unfortunately, at this intensity, healthy tissue that the rays pass through on the way to the cancer cells will also be destroyed. At lower intensities, the rays are harmless to healthy tissue, but they will not affect the cancer cells either. What type of procedure might be used to destroy the cancer cells with the rays, and at the same time avoid destroying healthy tissue?

How do you think this problem can be solved? While you are thinking, here is a little story to pass the time: There once was a general who needed to capture a fort. If the general could get all of his troops to the fort at the same time, they would have no problem taking it. There were plenty of roads leading to the fort, but they had landmines on them, so only small groups of soldiers could safely walk on any one road. He divided the army into small groups, and each group traveled a different road leading to the fort. They made sure to meet at the fort at the same time by way of their separate roads. The general finally was able to capture the fort.

Have you （　1　） yet? Just one last story while you are trying to figure it out. A fire chief arrived at a cottage fire. The cottage was next to a lake, so there was plenty of water.　Dozens of neighbors were already taking turns with buckets throwing water on the cottage fire, but they were not making any progress.　The fire chief yelled at them to stop and to all go fill their buckets in the lake.　When they returned, the chief arranged them in a circle around the cottage, and on the count of three had everyone throw their water at the same time. The fire was finally put out.

Are you done saving your patient?　Don't feel bad, almost no one solves this problem.　At least not in the beginning, but eventually almost everyone solves it.　Only about 10 percent of people solve the ray problem (　2　).　Presented with both the ray problem and the fort story, about 30 percent solve it and save the patient.　Given both of those plus the fire chief story, half solve it.　Given the fort and the fire chief stories and then told to use them to help solve the ray problem, 80 percent save the patient.

The answer is that you could direct multiple low-intensity rays at the cancer cells from different directions, leaving healthy tissue undamaged, but concentrate on the cancer cells with enough combined intensity to destroy them.　Just like how the general divided up troops and directed them to meet at the fort, and how the fire chief arranged neighbors with their buckets around the cottage so that their water would join together to put the fire out at the same time.

Whether you got it or not is unimportant.　The important thing is what this shows about problem solving.　A gift of [a different field / a single analogy / from / got / multiplied by three / the proportion of solvers / the ray problem / who].　Two analogies from different fields further increased the proportion.

The most successful strategy employed multiple situations that were not at all similar on the surface, but held deep structural similarities.　Most problem solvers will stay inside of the problem at hand, focused on the details, and perhaps call on other medical knowledge, since it is on the surface a medical problem.　They will not automatically turn to distant analogies to look for solutions. But they should, and they should make sure that some of those analogies are far removed from the current problem on the surface. Relying upon experience from a single field is not only limiting, it can be harmful.

Here is an episode that shows how harmful it can be. Psychologist Kevin Dunbar documented how creative laboratories worked in the 1990's. He focused on biology laboratories and spent a year with four laboratories, visiting them every day for over four months.

Dunbar saw that the laboratories most likely to turn unexpected findings into new knowledge made a lot of analogies, and made them from a variety of fields. The laboratories in which scientists had more various professional backgrounds were the ones where more and more various analogies were offered, and where findings were more steadily produced when unexpected things happened. They included members with a wide variety of experiences
(5)
and interests.

In one instance, Dunbar actually saw two laboratories encounter the same experimental problem at around the same time. One of the laboratories included only experts on bacteria, and the other had scientists with chemistry, physics, biology, and genetics backgrounds, plus medical students. "One laboratory made an analogy drawing on knowledge from the person with a medical degree, and they solved the problem right there at their meeting," Dunbar told me. "The other laboratory used knowledge on bacteria to deal with every problem. That did not work here so they had to just start experimenting for weeks to get rid of the problem."

In the （　6　） of the unexpected, the range of available analogies helped determine who learned something new. In the only laboratory that did not make any new findings during Dunbar's project, everyone had similar and highly specialized backgrounds, and analogies were almost never used. "When all the members of the laboratory have the same knowledge at their disposal, and then when a problem arises, a group of similar-minded individuals will not provide more information to make analogies than a single individual," Dunbar concluded. "You need a mixture of strategies," he told me.

　　The trouble with using no more than a single analogy, particularly one from a very similar situation, is that it does not help fight the natural urge to employ the inside view. We take the inside view when we make judgments based narrowly on the details of a particular project that are right in front of us. Our natural tendency to take the inside view can be defeated by following analogies to the outside view. The outside view looks for deep structural similarities to the current problem in different ones. The outside view requires a mental switch from narrow to broad.

設問A

　　1)　カッコ内に入るべき最も適切なものはどれか。

　　　　1.　captured the fort

　　　　2.　come up with a new story

　　　　3.　saved the patient

　　2)　カッコ内に入るべき最も適切なものはどれか。

　　　　1.　at first

　　　　2.　at risk

　　　　3.　at work

　　3)　[　]内を適切な語順に並べる場合，6番目に来るのはどれか。

　　　　1.　from

　　　　2.　got

　　　　3.　who

　　4)　下線部の意味として最も適切なものはどれか。

　　　　1.　あまり役に立たない類推

　　　　2.　かけ離れた分野からの類推

　　　　3.　遠い昔の出来事からの類推

　　5)　"They" が指しているのはどれか。

　　　　1.　findings

　　　　2.　the laboratories

　　　　3.　various analogies

6) カッコ内に入るべき最も適切なものはどれか。

   1. course

   2. face

   3. name

7) "it" が指しているのはどれか。

   1. using no more than a single analogy

   2. the inside view

   3. the trouble

8) "the ray problem", "the fort story", "the fire chief story" の三つが類似しているのはどの点か。

   1. 構造

   2. 難易度

   3. 分野

9) 本文の題名として最も適切なものはどれか。

   1. 科学的新発見の価値

   2. よい医者になるために

   3. 類推の大切さ

10) 本文をふまえた大学生への進言として最も適切なものはどれか。

   1. 自分が選んだ分野を徹底的に深く学びなさい。

   2. 少しでも早く自分の学びたいことを決めなさい。

   3. なるべく多様な分野を幅広く学びなさい。

設問B

下線部(B)を和訳しなさい。(**解答用紙（その2）を使用すること**)

問題 2　下線部を英訳しなさい。（**解答用紙（その 2 ）を使用すること**）

　　今回のパンデミックは，文明化への自然からの逆襲とも言えます。<u>森林や河川の開発により，いままで人間が接したことがない自然界に潜んでいたウイルスが襲いかかってきました。</u>

問題 3　次の文章を読み，設問に答えなさい。

　　Why are some people so amazingly good at what they do? Anywhere you look, from competitive sports and musical performance to science, medicine, and business, there always seem to be a few exceptional people who astonish us with what they can do. And when we are confronted with such an exceptional person, we naturally tend to conclude that this person was born with something special. We say "He is talented," or, "She has a real gift."

　　But is that really so?

　　The music academy of the Berlin University of the Arts is highly regarded for both its teaching and its student body. Its graduates include the composer Kurt Weill, best known for *The Threepenny Opera*. Year after year, the academy turns out pianists, violinists, composers, conductors, and other musicians who go on to take their places among the world's elite artists.

　　In 1987, we mapped out an investigation into the development of musical skills of the academy's violin students. Because the school was well known for turning out world-class violinists, many of those students would likely rank among the world's best violinists in a decade or two. Of course, not all of them were quite so excellent. The academy had violin students ranging from good to very good to great.

　　We first asked the professors at the music academy to identify students who had the potential to have careers as international solo musicians. These were the superstars-in-waiting. The professors came up with the ten "best" students. They also identified ten violin students who were very good but not superstar-good. These were the "better" students. Finally, they selected another ten violinists from the music-education department at the school. These students would most likely end up as music teachers, and while they were certainly good musicians when compared to the rest of us, they were clearly less skilled than the violinists in either of the other two groups. Many of them had unsuccessfully applied for admission to the solo program and had instead been accepted into the music-teacher program. This was our "good" group, which gave us three groups that had achieved very different levels of performance.

Our goal was to understand what separated the truly outstanding student violinists from those who were merely good. The traditional view held that differences among individuals performing at these highest levels would be due primarily to natural-born talent. So differences in the amount and type of practice would not matter at this level. We were looking to see if this traditional view was correct.

We interviewed each of the thirty student violinists in our study in great detail. We asked them for their opinions on how important various activities were in improving their performance — practicing alone, practicing in a group, playing alone for fun, playing in a group for fun, performing solo, performing in a group, taking lessons, listening to music, studying music theory, and so on. We asked them how much effort these various activities required and how much immediate pleasure they got while they were doing them. We asked them to estimate how much time they had spent on each of these activities during the previous week. Finally, we asked them to estimate, for each year since they had started to practice music, how many hours per week on average they had spent in practicing alone.

The students from all three groups gave similar answers to most of our questions. The students pretty much all agreed, for instance, that practicing alone was the most important factor in improving their performance, followed by such things as practicing with others, taking lessons, performing (particularly in solo performance), listening to music, and studying music theory.

One of our most significant findings was that most factors the students had identified as being important to improvement were also seen as not much fun. Everyone agreed: they did not enjoy the work they did to improve. In short, there were no students who just loved to practice. These students were motivated to practice intensely because they saw such practice as essential to improving their performance.

The other important finding was that there was only one major difference among the three groups. This was the total number of hours that students had devoted to practicing alone. We found that the best violin students had, on average, spent significantly more time than the better violin students had spent, and that the top two groups had spent much more time on practicing alone than the music-education students. Even the least skilled of the students had put in thousands of hours of practice, far more than anyone would have who played the violin just for fun, but there were clearly major differences in practice time.

Looking more closely, we found that the largest differences in practice time among the three groups of students had come in their teenage years. This is a particularly challenging time for young people to keep up their music practice because of many interests that compete for their time — studying, shopping, hanging out with friends, partying, and so on. Our results indicate that those teens who could maintain and even increase their heavy practice schedule during those years ended up in the top group of violinists at the academy.

Two things were clear from the study: First, to become an excellent violinist requires several thousand hours of practice. We found no shortcuts and no geniuses who reached an expert level with relatively little practice.

And, second, even among these gifted musicians — all of whom had been admitted to the best music academy in Germany — the violinists who had spent significantly more hours practicing their craft were on average more skilled than those who had spent less time practicing.

By now it is safe to conclude from many studies that nobody develops extraordinary abilities without putting in a tremendous amount of practice time. No matter which area you study — music, dance, sports, competitive games, or anything else — you find that top performers have devoted a tremendous amount of time to developing their skills. We know from the studies of the world's best chess players, for example, that almost no one reaches the level of grandmaster with less than a decade of intense study. Even Bobby Fischer, who at the time was the youngest person ever to become a grandmaster and whom many consider to have been the greatest chess player in history, studied chess for nine years before he reached the level of grandmaster.

設問

11) How would the author answer the question posed in the second paragraph of the passage: "But is that really so?"

  1. I am not sure.

  2. No.

  3. Yes.

12) Which of the following is correct about Kurt Weill?

  1. He founded the music academy of the Berlin University of the Arts.

  2. He graduated from the music academy of the Berlin University of the Arts.

  3. He taught at the music academy of the Berlin University of the Arts.

出典追記：Peak by Anders Ericsson and Robert Pool, Houghton Mifflin Harcourt

13) What is the ideal goal for most of the violin students of the music academy?

   1. To become a member of a well-known orchestra.

   2. To become a music teacher.

   3. To become a solo violinist.

14) Which of the following does NOT correctly describe the "best," "better," and "good" students defined in the passage?

   1. Many of the "good" students will be teaching music in the future.

   2. Most of the "better" students will not be employed as a musician.

   3. Some of the "best" students will be among the world's elite artists.

15) Which factor do the students regard as the most important for improving their performance?

   1. Performing in a group.

   2. Practicing alone.

   3. Studying music theory.

16) Why do the violin students practice hard?

   1. They find it fun to practice.

   2. They have nothing else to do.

   3. They think it is the only way to be a good violinist.

17) Which of the following is correct about the average amount of time devoted to practice?

   1. The more time devoted to practice, the better the students' skill level was.

   2. The music-education students had spent less time practicing than amateur players.

   3. Those who had practiced more came to love music more.

18) Why is it difficult to keep practicing hard at a young age?

   1. Teenagers generally do not like to do what their parents tell them to do.

   2. There are many other things you want to do when you are young.

3. Young people are not sure whether they really want to be a
musician.

19) The author does NOT regard Bobby Fischer as

1. a born genius of chess.

2. a grandmaster of chess.

3. one of the greatest chess players in history.

20) Which of the following proverbs goes with the author's findings?

1. All work and no play makes Jack a dull boy.

2. It is never too late to learn.

3. Who likes not his business, his business likes not him.

問題 4　次の文章を読み，下線部の書き換えとして最も適切なものを選びなさい。

Let me tell you a story about innovation. A story of a company called
Hornby. It makes model trains, and has been doing so for a very, very long
time.

Ten years ago, the company was nearly bankrupt. In an attempt to save
(21)
costs, it decided to outsource production to China. However, much to its
surprise, it discovered the Chinese not only produced goods much cheaper,
they also delivered superb quality. Therefore, middle managers could not
resist spending all the money they were saving through outsourcing on giving
their products additional quality and, most of all, a lot of detail: a working light
on every table in the restaurant carriage, a bit of dirt painted on the bottom of
the carriages, and so on. Their products became perfect scale models.

Then, as much to their surprise as to their joy, they noticed sales
increasing a lot. When it persisted, they started talking to their vendors to
(22)
figure out what on earth was happening. They discovered that it was no
longer fathers buying model trains for their children, but fathers buying them
for themselves and, in the process, spending quite a bit more money on

themselves than on their children. Inadvertently, Hornby had moved out of
(23)
the toy market into the hobby market, producing for collectors rather than
children. And they thought, "That is not a bad idea! Let's focus on that!" Not
long thereafter, Hornby saw its share price rocket.

But what can we learn from a story like Hornby's? Isn't their smart
change and creative strategy simply due to luck? Well, partly, but that is
perhaps the first lesson. Many successful companies with great strategies
experienced some significant element of serendipity at their beginning. But
(24)
after the event we explain things as if it was all planned from the start.

But why? There is no shame in getting lucky. A great manager does not
necessarily come up with the strategy, but is superb at recognizing the
opportunity when it comes knocking on the company's door, while
subsequently carefully adding all the other necessary strategic elements, such
as marketing and distribution, to take advantage of the opportunity. Just
recognize the importance of luck — rather than deny it — and make sure you
thankfully take advantage of it.
(25)
Once upon a time there was an engineer, called Geoffrey Ward, who lived
in London. One day a local government official told him he would have to
vacate his office because it was in an area reserved as a retail zone.
(26)
Geoffrey decided to place an old, slightly odd-looking, creatively shaped
heater, which he had removed for a client because it was broken, in the
window of his office, just to make it look like a shop. In the following days and
weeks, people kept knocking on his door asking whether they could buy that
funny-shaped heater. Soon, Geoffrey realized that he could have made a lot of
money had he been able to sell such a "designer heater" and decided to change
his profession. This was how the company Bisque, which produces and
distributes designer heaters, was founded.

Luck, you say? Of course, but, as said before, many people do not take
advantage of luck even when it is staring them in the face; Geoffrey did.

Andy Grove, former CEO of Intel, called it "strategic recognition capacity."

He could have said "know when you get lucky." Intel, who of course became one of the most successful companies ever by producing microprocessors, also got lucky. In the early 1980's, they were working on microprocessors when they did not have a clue what they would be able to use them for. They even made a list of potential applications. The list included quite everything, but what was not on it was the computer. It was not until IBM kept knocking on their door that they said, "All right then, you can put our product in this thing you call a PC."

Yet, was this all <u>down</u> to luck? Of course not; Andy Grove and his
(27)
partners recognized the opportunity when it came knocking on their door. But there is more to it.

"Fortune favors the prepared mind," Louis Pasteur said. He got lucky several times, making important yet fortunate discoveries. But it was not mere chance that it was Pasteur who made these discoveries: he recognized opportunities that presented themselves to him, but also had the skill, knowledge, and ability to turn them into something useful. That required many years of careful practice and training.

Moreover, he was not sitting in his kitchen waiting for lucky events to fall into his scientific lap. He was eagerly experimenting with lots of things. Most of them were <u>bogus</u>; others not.
(28)
And that is what Intel did: running many <u>experiments in the</u>
(29)
<u>margin</u>. Most of them failed and wasted money. But in your company, one sunny day, one of your experiments just might result in your own "microprocessor" and, if so, you will not <u>shed a tear about</u> all the ones that
(30)
failed.

設問

21) 1. almost failed

2. almost opened

3. almost succeeded

出典追記：It is ok to get lucky – even for a top manager by Freek Vermeulen

22)　1. bankers

　　　2. painters

　　　3. sellers

23)　1. Quite by air

　　　2. Quite by chance

　　　3. Quite by turns

24)　1. close encounter

　　　2. long encounter

　　　3. lucky encounter

25)　1. awfully

　　　2. gratefully

　　　3. peacefully

26)　1. find

　　　2. leave

　　　3. promote

27)　1. due

　　　2. inferior

　　　3. similar

28)　1. unfaithful

　　　2. unharmful

　　　3. unsuccessful

29)　1. exciting experiments

　　　2. expensive experiments

　　　3. extra experiments

30)　1. regret

　　　2. respect

　　　3. return

問題 5　以下の文章は『平成 27 年版情報通信白書』をもとにしたものである。これを
　　　読んで設問に答えなさい。

　　One of the reasons why telework has not taken off is believed to be a lack of awareness about telework as a practical work style.　To test this assumption, we surveyed the telework awareness levels among employees.

　　More than half of the surveyed employees said they did not know the term "telework."　Only around 45 percent of the respondents said they knew or had heard the term "telework."　These results reveal that telework awareness levels are not particularly high.　We can conclude from this that the first step in promoting telework adoption is raising its awareness.

　　We also surveyed the intention to telework among employees.　We asked this question after explaining the concept of telework to the respondents who did not know the term "telework" before the survey.　As shown in Figure 1, the respondents who answered "already teleworking," "would like to telework," and "would like to try teleworking" added up to more than half of all the respondents.　This result indicates that many people have at least a potential desire to telework.　Even among the respondents who had answered they did not know the term, more than 40 percent said that they "would like to telework" or "would like to try teleworking."　This suggests that if the general public were more aware of telework as a new practical work style, more people would probably want to telework.

　　We asked the respondents who answered they "would like to telework" and "would like to try teleworking" why they wanted to telework or try teleworking.　The top answer was "to work in a more suitable environment," followed next by "to shorten the time spent going to work," and then "to make it easier to manage and share housework."

　　Next we examined the reasons for wanting to telework by gender.　The top two answers among men were "to work in a more suitable environment" and "(31)," regardless of their age (Figure 2).　But some of them answered "to handle both raising children and a career," especially those in their 30's or 40's. This suggests the possibility that as telework spreads, more men may participate in the raising of their children.

Just as for men, the top reason for women across most generations was "to work in a more suitable environment," but for women in their 30's, the top reason was "to handle both raising children and a career" (Figure 3). As many women in their 30's leave their job or give up seeking work because they have a baby or need to raise children, we can see that telework is viewed as a promising tool for women who want to work. Also, about 30 percent of women in their 50's gave the reason "(　32　)."

We asked those who did not want to telework the reasons why. "I do not really feel much need" was selected by more than 40% of the respondents, but a little more than 20% answered "(　33　)" (Figure 4). This result suggests the possibility that various advantages of telework may not be fully recognized. It also shows that a lack of confidence in the skills for handling ICT is one of the factors preventing the spread of telework.

Figure 1. Intention to telework among employees（%）

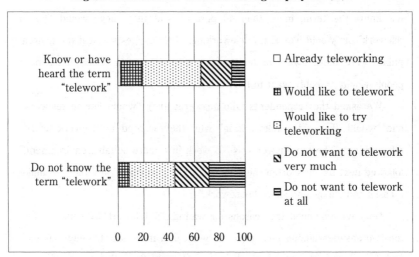

Figure 2. Reasons for wanting to telework among men （%）

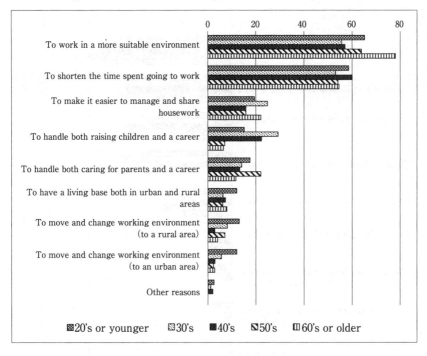

Figure 3. Reasons for wanting to telework among women（%）

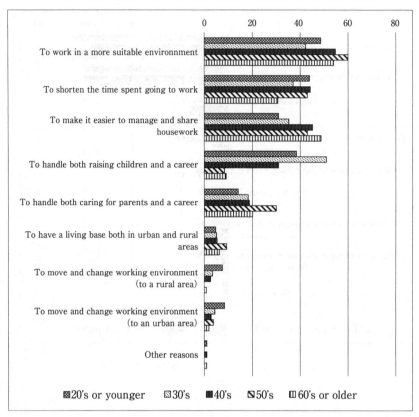

Figure 4. Reasons for not wanting to telework（%）

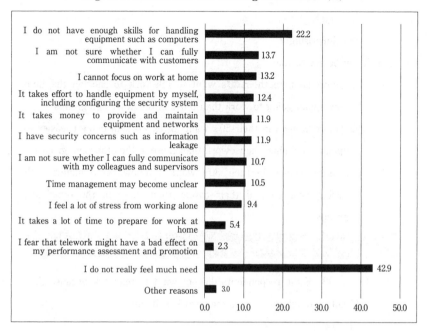

問1　本文中の（　31　），（　32　），（　33　）に入るべき最も適切なものをそ
　　　れぞれ一つずつ選びなさい。（同じものを二回以上選んではいけません）

　　　　　1. I am not sure whether I can fully communicate with customers

　　　　　2. I do not have enough skills for handling equipment such as
　　　　　　 computers

　　　　　3. I have security concerns such as information leakage

　　　　　4. to handle both caring for parents and a career

　　　　　5. to make it easier to manage and share housework

　　　　　6. to shorten the time spent going to work

問2　カッコに入るべき最も適切なものをそれぞれ一つずつ選びなさい。

　　34）（　　　　），none of the people who did not know the term "telework"
　　　　were already teleworking.

1. Naturally

2. Oddly

3. Surprisingly

35) It can be stated that （　　　）.

    1. more men in their 30's want to telework to shorten the time they spend going to work than those in the other age groups

    2. more women in their 50's want to telework to make it easier to manage and share housework than those in the other age groups

    3. more women in their 30's want to telework to handle both raising children and their career than those in the other age groups

※35) については，「解答する上で問題・設問の条件が不足していることが判明したため，全員正解とする」と大学から発表があった。

36) （　　　）% of the respondents did not want to telework because they could not give full attention to their work at home.

    1. 5.4

    2. 9.4

    3. 13.2

37) We may dismiss （　　　） as not being among the factors that prevent teleworking.

    1. the cost of creating an environment for teleworking

    2. the human relations in the workplace

    3. the low ICT skills

問3　カッコに入るべき数字を小数点以下1桁まで記入して，文を完成させなさい。（**解答用紙（その3）を使用すること**）

    （　　　）% of all respondents did not want to telework due to concerns related to communication with people in and out of the company.

※問3については，「正解がないことが判明したため，全員正解とする」と大学から発表があった。

問4　本文で紹介されている調査は 2015 年に実施された。2021 年 2 月現在，テレワークを利用したいと考える人の割合は，2015 年当時と比べてどうなっていると考えられるか。そのように考えられる理由とともに，日本語 150 字以内で論じなさい。(**解答用紙(その 3)を使用すること**)

解答編

英語

1 解答 設問A. 1)－3 2)－1 3)－3 4)－2
5)－2 6)－2 7)－1 8)－1 9)－3
10)－3

設問B. 全訳下線部参照。

◆全 訳◆

≪類推の大切さ≫

あなたが医者で，ガン患者と向き合っているとする。ガン細胞を破壊しない限り，その患者は死ぬ。ガン細胞を破壊するのに使用できるある種の放射線がある。その放射線が十分に高い強度でいっせいにガン細胞に届けば，ガン細胞は破壊される。残念なことに，この強さだと，放射線がガン細胞に到達するまでに通過する健康な組織も破壊されてしまう。低い強度であれば，放射線は健康な組織に対して無害となるが，それではガン細胞にも影響を与えることがない。この放射線でガン細胞を破壊し，同時に健康な組織を破壊するのを回避するためには，どのような種類の処置を使うことになるだろうか。

あなたは，この問題をどのように解決できると思うだろうか。あなたが考えている間，暇つぶしにちょっとした話でもどうぞ。昔，要塞を攻略する必要のある将軍がいた。その将軍が全軍をいっせいにその要塞に投入すれば，軍は問題なく要塞を落とすであろう。その要塞に通じる道はたくさんあるが，そこには地雷が敷設されていて，どの道も小グループの兵士たちしか安全に歩くことができない。将軍は軍隊を小グループに分割し，それぞれのグループは要塞への異なる道を移動した。彼らはばらばらの道を経由して，確実にその要塞で同時に合流できるように注意した。最終的に将軍はその要塞を攻略できたのである。

あなたはもう患者を救えただろうか。解答しようとしている間に，もう

1つだけ最後の話を。消防隊長があるコテージの火災現場に到着した。コテージは湖に隣接していて，水はふんだんにあった。すでに隣人たちが多数，順番にバケツでコテージを燃やす火に水をかけていたが，何ら進展はなかった。隊長は彼らに，今やっていることを止めて，湖に行って各自のバケツに水を満たすように大声で言った。彼らが戻って来ると，隊長は彼らをコテージの周りに円形に並ばせて，3つ数えたら全員でいっせいに水をかけさせた。火事はようやく収まった。

あなたは患者を救えただろうか。気を悪くしないでほしい。この問題を解ける人はほぼ誰もいないのだから。少なくとも最初の段階では誰もいないが，最終的にはほぼ全員が解ける。初めの段階でこの放射線の問題を解決できる人は，10パーセントほどしかいない。放射線の問題と要塞の話の両方を与えられると，30パーセントほどの人が問題を解決して患者を救うことができる。この2つに消防隊長の話が加わると，半分が解く。要塞と消防隊長の話を与えられた上でこれらを放射線の問題を解くために役立てるよう指示されると，80パーセントの人が患者を救える。

正解は，強度の低い多数の放射線を，様々な方向からガン細胞に向ける，というものである。そうすると，健全な組織を傷つけることなく，ガン細胞には，放射線が組み合わさって破壊するのに十分な強度で集中するのだ。それは，将軍が軍を分割し，要塞で合流するように向かわせたやり方と全く同様であり，また，消防隊長が隣人たちにバケツを持たせてコテージの周りに並ばせ，水がいっせいにかかって火を消せるようにしたやり方と全く同様である。

あなたが解くことができたかどうかは重要ではない。重要なのは，問題解決についてこのことが示している内容である。異なる分野からの類推を1つだけ与えることで，放射線の問題を正解できる解答者の比率が3倍になったのである。異なる分野からの類推が2つになると，その比率はさらに増加した。

最もうまくいく戦略が利用したのは，表面上は全く似ていないが，深い構造的類似点を持つ，複数の状況であった。問題の解答者の大多数は，手元の問題の内部にとどまり，細かい事柄に集中し，そして恐らくは他の医学的知識を行使するだろう。表面上は医学的な問題だからである。彼らは，解決策を探すために，無意識のうちにかけ離れた類推に向くということは

ない。しかしそうすべきなのだ。そして，それらの類推には，表面上は目
下の問題と確実にかけ離れているものが必ずあるようにすべきなのだ。た
った１つの分野で経験したことに頼るのは，限界があるばかりでなく，有
害となる可能性もある。

　それがどれほど有害となり得るか，そのことを示すエピソードがある。
1990 年代に，心理学者のケビン＝ダンバーは，研究室がどのように創造
的に機能しているかを報告した。彼は生物学の研究室に焦点を当て，４つ
の研究室を４カ月以上毎日訪れ，１年を費やした。

　ダンバーは，予期しない発見を新しい知識にする可能性が最も高い研究
室が，様々な領域から数多くの類推を行っていることを知った。科学者た
ちがより多様な経歴を持っている研究室は，ますます多様な推論が提供さ
れる研究室であり，予期せぬことが起こった時に発見がよりしっかりと生
み出される研究室であった。それらの研究室は，広く多様な経験と関心を
持つメンバーを含んでいた。

　ある例では，ダンバーは実際に２つの研究室が，同じ実験に基づく問題
にほぼ同時に直面するのを見た。その研究室のうちの一方には，バクテリ
アの専門家しかおらず，もう一方の研究室には化学，物理学，生物学，遺
伝子学の経歴を持つ科学者たちに加えて，医学生らもいた。「一方の研究
室は，医学の学位を持つ人物の知識を生かした推論を行い，会議中その場
で問題を解決しました」とダンバーは私に言った。「もう一方の研究室は，
あらゆる問題を扱うのにバクテリアに関する知識を用いました。そのこと
はその場では機能しなかったので，問題を取り除くために数週間にわたる
実験を開始しなければなりませんでした」

　予測していない出来事に直面した時，利用可能な推論の幅は誰が新しい
ことを学んだのかを判断するのに役立った。ダンバーのプロジェクトの間
新しい発見が全くなかった唯一の研究室では，全員がよく似た高度に専門
化された経歴を持っており，類推が利用されることは全くと言っていいほ
どなかった。「研究室のメンバー全員が同じ知識を持ちあわせている時に
は，問題が持ち上がると，考え方がよく似た個人の集団では，推論するた
めの情報を個人単独よりも多く提供することはありません」とダンバーは
結論づけた。「戦略の合成が必要なのです」と彼は私に言った。

　たった１つの推論，とりわけ非常によく似た状況を基にした推論しか用

いないことの欠点は，そのやり方では内々の考え方を採用したいという自然の欲望を抑えるのに役立たないという点である。ある特定のプロジェクトのすぐ目の前にある細かい点だけに基づいて判断を下す時には，私たちは内々の考え方をする。内々の考え方をしがちであるという私たちの生まれつきの傾向は，部外の考え方との類推をたどることで克服が可能である。部外の考え方は，様々な問題の中に，目下の問題との深い構造的類似点を探してくれる。部外の考え方をするには，狭い範囲から広い範囲への頭のスイッチの切り替えが必要なのである。

出典追記：Range: Why Generalists Triumph in a Specialized World by David Epstein, Riverhead Books

━━━━━━━━◀解　説▶━━━━━━━━

設問A．１）本文の話の進め方に注目する。第１段でガン細胞の破壊についての質問が提起され，第２段の第１文（How do you …）が「あなたはどのように解決できると思うか」と読み手に直接問いかけている。続く第２段の続きでは問題解決のための第１の類推ヒント（要塞の攻略）を，第３段で第２の類推ヒント（火災の対処）を，そして，第４段で類推ヒントの効用の説明があり，最後に，第５段の冒頭で提起された問題に対する正答，という流れである。第４段第１文（Are you …）より，ヒントを出すたびに読者に正答に辿り着けたか問いかけていると考えられる。よって３．「患者を救った」が最も適切である。１．「要塞を攻略した」　２．「新しい話を思いついた」

２）当該文以降同段最終文（Given the fort …）までは，同段第３文（At least not …）「少なくとも最初の段階では誰もいないが，最終的にはほぼ全員が解ける」を詳しく説明している。つまり，初めは非常に少なかった正解者が，ヒントを与えられるにつれてどんどん増えていった，という内容である。したがって１．at first「初めは」が最も適切である。２．「危険にひんして」　３．「仕事中で」

３）まず who に注目する。間接疑問を作る疑問詞とも考えられるが，関係代名詞の可能性を見てみる。先行詞（人）として候補になるのは solvers「解答者」だけなので，the proportion of solvers who となる。次に who の動詞の候補は got と multiplied であるが，multiplied by three「〜に３を掛けた（〜を３倍にした）」の目的語は the proportion「（〜の）比率」になると推測できる。よって who の動詞は got「〜を得

た」，さらにその目的語が the ray problem「放射線の問題」に決まり，multiplied by three the proportion of solvers who got the ray problem となる。最後に，multiplied の主語を検討する。A gift of ～「～を与えること，与えられた～」 与えられたのは「要塞攻略の話」と「コテージの消火の話」。つまり，医学とは異なる分野だが，課題が類似する内容の話である。これを表現する英語は（A gift of）a single analogy / from / a different field / multiplied by three / the proportion of solvers / who / got / the ray problem「異なる分野から 1 個の類推を（与えること）で，放射線の問題で正解を得た解答者の比率が 3 倍になった」となり，6 番目には 3 の who が来る。

4）第 7 段第 1 文（The most successful …）から当該文までの趣旨は，「医学的な問題については医学の範囲内で対処しようとするので，distant analogies に自然に目が向くということはない」となっている。つまり，下線部は「医学とは全く異なる分野ではあるが似ている点」という意味になると推測できる。よって 2 が最も適切である。

5）当該文は「They は広く多様な経験と関心を持つメンバーを含んでいた」という意味になるので，They は人間が構成する集団か，もしくは人間が所属する場所を指していると考えられる。これに合致する選択肢は 2.「研究室」である。1.「発見」 3.「様々な類推」

6）当該箇所は「予測していない出来事…，利用可能な推論の幅は誰が新しいことを学んだのかを判断するのに役立った」という意味。2 を選べば in the face of ～ で「～に直面した時」という意味となり，カンマ以降にも自然につながる。1.「～の過程で」は of の目的語に時間の幅を持つ内容の語句が必要。3.「～の名において」は文として意味がつながらない。

7）当該箇所の意味は「it は内々の考え方を採用したいという自然の欲望を抑えるのに役立たない」となる。この部分は using no more than a single analogy「たった 1 つの推論しか用いないこと」の欠点を説明しているので，これが it の指す内容であると考えられる。よって 1 が正解。

8）挙げられている 3 つの状況は，第 7 段第 1 文（The most …）で「表面上は全く似ていないが，深い構造的類似点を持つ，複数の状況」であると説明されている。つまり，類似点は構造的な部分，ということになる。よって正解は 1 である。

9）本文の趣旨は，「与えられた問題を狭い範囲で考えるのではなく，一見無関係に思えるような知識に基づいて類推していくことが解決の近道である」というような内容である。これを最も適切に言い表しているのは3である。

10）問9の解説でも述べているように，本文の趣旨は，問題解決のためには多様な分野の知識に基づいた類推が役立つということである。よって，専門分野を早々に決めてその狭い分野を徹底的に学ぶのではなく，多様な分野を幅広く学ぶことを奨励している。これに最も合致しているのは3である。

設問B．英文和訳をする時は，文の構造を見極めることが重要である。当該文は，We ～ view が主節，when 以下が従節の複文である。また，based ～ project の部分は分詞構文で，「～に基づいて」の意味で副詞句の働きをしている。さらに，that は主格の関係代名詞で，be 動詞が are になっていることから，先行詞は the details であると判断できる。make judgments「判断を下す」

2　解答

Because of the development in forests and around rivers, viruses hiding in nature which human beings had not come in contact with before have attacked us.

◀解　説▶

与えられた日本語にできるだけ近い構文で考えていくと次のようになる。「～により」は「～のために」because of ～ を使う。「いままで人間が接したことがない自然界」は，「自然界」nature を先行詞にして，関係代名詞で表現する。「～と接する」come in contact with ～

3　解答

11)－2　12)－2　13)－3　14)－2　15)－2
16)－3　17)－1　18)－2　19)－1　20)－3

◆全　訳◆

≪上達の秘訣≫

自分がやっていることが驚くほど上手な人がいるのはなぜだろうか。どこに目を向けても，競技スポーツや音楽演奏から科学や医学やビジネスに至るまで，そこには常にその能力で私たちを驚嘆させる少数の例外的な人

間がいるように思われる。また，そのような例外的な人物と対面すると，私たちは，自然とこの人は特別なものを持って生まれてきたのだと結論づけてしまいがちである。私たちはこう言う。「彼には才能がある」あるいは「彼女には天賦の才がある」と。

　だが，それは実際にそうなのだろうか。

　ベルリン芸術大学の音楽アカデミーは，その教え方と学生たちの両方で高く評価されている。卒業生には，『三文オペラ』が最も有名な作曲家のクルト＝ヴァイルが含まれている。毎年毎年，アカデミーは，世界のエリート芸術家たちの中で彼らの存在を認められ続けるピアニスト，バイオリニスト，作曲家，指揮者やその他の音楽家を輩出している。

　1987 年，私たちはそのアカデミーに在籍しているバイオリン科の学生の音楽技能の上達について調査を計画した。その学校は世界的なバイオリニストの輩出で非常に有名なので，おそらく，これらの学生の多くは 10 年または 20 年のうちに世界的なバイオリニストの中にランクされるであろう。当然，彼らが全員申し分ないくらい素晴らしいという訳ではなかった。アカデミーの学生は，良から優や秀まで幅があった。

　私たちはまず，音楽アカデミーの教授たちに，国際的なソロ音楽家として成功する可能性のある学生を明らかにするよう依頼した。これらは大スター予備軍であった。教授たちは 10 人の『最高の』学生を提案した。彼らはまた，大スターほどではないが非常に上手なバイオリン科の学生を 10 人選んだ。これらは『より良い』学生だった。最後に，彼らは学校の音楽教育科からさらに 10 人のバイオリニストを選んだ。この学生たちは音楽教師で終わる可能性が最も高く，他の一般人と比べれば確かに優秀な音楽家ではあるけれども，他の 2 つのグループのどちらのバイオリニストたちよりも明らかに技能が劣っていた。彼らの多くは，ソロの課程に応募したが選ばれず，代わりに音楽教師の課程に受け入れられていたのだ。これは『良い』グループで，これにより私たちは，演奏のレベルの到達度が全く異なる 3 つのグループを与えられることになった。

　私たちの目的は，真に際立った学生バイオリニストと，ただ上手なだけの学生とを隔てているものを理解することであった。昔ながらの考え方は，これほど高度なレベルで演奏する個人の演奏力の差は，第一に生来の才能によるものであろうというものだった。したがって，このレベルでは，練

習量とその種類は重要ではないだろう。私たちは，この昔ながらの考え方
が正しいかどうかを確かめるつもりであった。

　私たちはこの研究で抽出された 30 人の学生バイオリニストたち一人一
人と，非常に細かく面談した。私たちは彼らに，演奏を上達させる際に
様々な活動——個人練習，グループ練習，楽しみで個人演奏する，楽しみ
でグループ演奏する，個人で演奏する，グループで演奏する，レッスンを
受ける，音楽を聴く，音楽理論を勉強する，などなど——をすることがい
かに重要であるかについて意見を求めた。私たちは彼らに，これらの様々
な活動にはどれくらいの努力が必要か，また，それらのことをしている最
中にどれくらいの喜びを即座に得られたかを尋ねた。また，前の週にこれ
らの活動のそれぞれにどれくらいの時間を費やしたかを概算してもらった。
最後に，音楽の練習を始めてから毎年，週当たり平均何時間を個人での練
習に費やしてきたかを概算してもらった。

　3 つのグループ全ての学生が，私たちの質問のほとんどに対して似たよ
うな答えをくれた。たとえば，演奏上達のためには個人練習が最も重要な
要因であるという点では，学生たちはほとんど全員意見が一致した。他人
との練習，レッスンの受講，演奏（特に個人演奏），音楽を聴く，音楽理
論の勉強といったものがそれに続いた。

　私たちの発見の中で最も重要であったのは，上達のために重要だと学生
たちが認めたほとんどの要素が，あまり楽しくないものとして見なされて
もいた，という点であった。全員が次の点に賛同した。つまり，上達のた
めにした作業は楽しくなかったという点だ。言い換えれば，練習がただた
だ大好きだという学生は 1 人もいなかったのである。この学生たちは，演
奏の上達のためにはそのような練習が不可欠だと考えているから，猛練習
をする気を起こしていたのだ。

　その他の重要な発見は，3 つのグループの間で大きな差が出たのは 1 つ
しかなかったという点だった。これは，学生たちが個人練習に費やした時
間の総量であった。最高のバイオリン科の学生は，平均すると，より良い
バイオリン科の学生よりもかなり多くの時間を費やしており，上位 2 つの
グループは，音楽教育の学生よりもはるかに多くの時間を個人練習に費や
していることが分かったのである。最も技能の低い学生たちですら，練習
に何千時間も費やしており，ただ楽しみのためにバイオリンを弾いている

他の誰よりもはるかに多かったのだが，練習時間には明らかに大きな差が
あった。

　より細かく見てみると，３つの学生グループ間で練習時間における最も
大きな差は，10 代の頃に現れているということが分かった。この時期は，
多くの興味——勉強，買い物，友達との付き合い，パーティーへの出席な
どなど——が時間を取り合うために，若者が音楽の練習を続けるにはとり
わけきつい時期である。私たちの結果が示しているのは，10 代の間ずっ
と猛練習のスケジュールを維持し，強化さえさせることができる若者は，
アカデミーのバイオリニストのトップグループにいるということである。

　研究から明らかになったことが２つある。１つは，卓越したバイオリニ
ストになるためには，数千時間の練習が必要だという点だ。近道はなかっ
たし，比較的少ない練習で専門家のレベルにまで到達できた天才もいなか
った。そして２つ目は，これらの才能ある音楽家たち——彼らは全員，ド
イツ最高の音楽院に入学を認められているのだ——の中でも，自己の技術
の練習にかなり多くの時間をかけたバイオリニストが，練習時間がより少
ないバイオリニストよりも，平均してより技能が高いという点だった。

　今では，多くの研究から，膨大な量の練習時間を費やすことなく並外れ
た能力を開花させられる人間は誰もいないと結論しても問題はない。どの
ような領域——音楽，ダンス，スポーツ，競技，あるいは他の何でも——
を学んでも，トップレベルの人間は膨大な量の時間を技能の上達に注いで
きたことが分かるだろう。たとえば，世界最高のチェスプレーヤーの研究
から分かったことだが，猛勉強の期間が 10 年以下では，ほぼ誰も名人の
域に到達できないのである。ボビー＝フィッシャー，彼は当時最年少で名
人になり，多くの人が彼のことを史上最高のチェスプレーヤーであったと
考えているのだが，彼でさえ，名人の域に到達するまでに９年間チェスを
研究したのである。

■■■■■■ ◀解　説▶ ■■■■■■

11)「本文の第２段で述べられている質問『だが，それは実際にそうなの
だろうか』に，筆者はどう答えるだろうか」

1.「分からない」

2.「いや，違う」

3.「その通り」

　　第 1 段の内容を要約すると，「あることに長けた人に対して，世間はそ
れを天賦の才能の賜物であると片付けてしまいがちである」となる。この
内容に対して，第 2 段の冒頭で接続詞 But を用いていることから，筆者
はこの趣旨と反対の意見を持っているのだと推測できる。よって 2 が最も
適切である。

12)「以下のうち，クルト＝ヴァイルに関して正しいのはどれか」

　1．「ベルリン芸術大学の音楽アカデミーを創設した」

　2．「ベルリン芸術大学の音楽アカデミーを卒業した」

　3．「ベルリン芸術大学の音楽アカデミーで教えた」

　　第 3 段第 2 文（Its graduates include …）に，「そこ（音楽アカデミ
ー）の卒業者はクルト＝ヴァイルを含んでいる」と述べられており，これ
に合致するのは 2 である。

13)「音楽アカデミーのほとんどのバイオリン科の学生にとって，理想的
な目標は何か」

　1．「有名なオーケストラの一員になること」

　2．「音楽教師になること」

　3．「ソロのバイオリニストになること」

　　第 3 段最終文（Year after year, …）で，「アカデミーは，世界のエリ
ート芸術家の中で彼らの存在を認められ続ける…バイオリニスト…を輩出
している」と述べられていることから，このアカデミーに在籍する学生の
目標はバイオリニストになることなのだと分かる。また，第 5 段第 1 文
（We first asked …）にあるように，最も成功したバイオリニストはソロ
の奏者になるようである。これらのことから，彼らの理想的な目標は 3 で
あると判断できる。

14)「以下のうち，本文で定義された『最高の』，『より良い』，『良い』の
各学生を正しく説明していないものはどれか」

　1．「『良い』学生は多くが将来音楽を教えることになる」

　2．「『より良い』学生はほとんどが音楽家として雇われることはない」

　3．「『最高の』学生の中には世界のエリート芸術家の仲間入りをする者も
いる」

　　13）の解説でも述べているように，『最高の』学生は大スター予備軍な
ので 3 は正しい。また，第 5 段第 7 文（These students would …）に

「この学生たち（＝『良い』）は音楽教師で終わる可能性が最も高い」とあるので，1も正しい。2については本文では述べられていないので，正しいとは言えない。

15）「学生が演奏の上達のために最も重要だと考えている要素はどれか」

1．「グループ演奏」

2．「個人練習」

3．「音楽理論の勉強」

第8段第2文（The students pretty …）に，「演奏上達のためには個人練習が最も重要な要因であるという点で，学生たちはほとんど全員意見が一致した」とあるので，最も重要なのは個人練習である。よって2が正解。

16）「バイオリン科の学生が猛練習するのはなぜか」

1．「練習が楽しいと思っている」

2．「他にすることがない」

3．「優秀なバイオリニストになるための唯一の方法だと思っている」

第9段第2文（Everyone agreed: …）の「上達のためにした作業は楽しくなかった」と第4文（These students were …）の「演奏の上達のためには練習が不可欠」から，最も適切な理由は3である。

17）「以下のうち，練習に注がれる時間の平均量に関して正しいものはどれか」

1．「練習に注ぐ時間が多ければ多いほど，学生の技術レベルもより向上した」

2．「音楽教育の学生はアマチュアの演奏者よりも練習に費やす時間が少なかった」

3．「より多く練習した者は音楽をより愛するようになった」

第10段第3文（We found that …）の内容をまとめると，『最高』は『より良い』よりも練習時間量が多く，『良い』は最も練習時間量が少ない，となる。つまり，演奏技術のレベルは，練習に費やす時間の総量に比例するのである。これに合致しているのは1である。2は同段最終文（Even the …）に反し，3については本文で述べられていないので不適。

18）「若い年齢の時に猛練習を続けるのが困難なのはなぜか」

1．「一般に10代の人間は，親からするように言われたことをするのが嫌

いである」

2．「若い時には他にやりたいことがたくさんある」

3．「若者は自分が本当に音楽家になりたいのかどうか確信がない」

　第 11 段第 2 文（This is a …）を見ると，「この時期は，多くの興味が時間を取り合うために，若者が音楽の練習を続けるにはとりわけきつい時期である」と述べられている。これが理由であると考えられるので，2 が最も適切である。

19）「筆者はボビー＝フィッシャーのことを…だと見なしていない」

1．「生まれながらのチェスの天才」

2．「チェスの名人」

3．「史上最高のチェスプレーヤーの 1 人」

　ボビー＝フィッシャーは，最終段最終文（Even Bobby Fischer, …）で登場しているが，注目すべきは後半の「名人の域に到達するまでに 9 年間チェスを研究した」という部分である。史上最高の名人クラスでさえ，長期間の努力が必要なのである。つまり，筆者は彼を単なる天才だとはみなしていないことになる。よって正解は 1 である。

20）「以下のことわざのうち，筆者の発見と合っているものはどれか」

1．「よく学び，よく遊べ」

2．「学ぶのに遅すぎるということはない」

3．「好きこそ物の上手なれ」

　1，2 は第 11 段に「誘惑の多い 10 代の練習量の差が物をいう」とあることに反する。3 は第 9 段の「学生らは上達のために必要な練習は楽しいものではないとみなしている」という記述に一見反するように見えるが，「楽しくない」のは練習であって，バイオリンそのものは好きなので上達のための辛い練習にも耐えられる，と考えることができる。これらのことを考慮すると，最も適切な選択肢は 3 である。

4　解答

21）— 1　22）— 3　23）— 2　24）— 3　25）— 2
26）— 2　27）— 1　28）— 3　29）— 3　30）— 1

◆全　訳◆

≪幸運の女神は準備している者にしか微笑まない≫

　革新について 1 つ話をさせてほしい。ホーンビーという会社の話である。

模型列車を作っており，とてもとても長い期間それを続けている。

　10 年前，その会社は倒産寸前だった。経費を削減しようとして，制作を中国に外部委託した。しかし，会社が大いに驚いたことに，中国人は商品をはるかに安く作ってくれるだけでなく，素晴らしい品質を提供してくれることが分かったのだ。それゆえ，中間管理者は，外部委託によって節約しているお金を全て，商品に付加的な品質，何よりも数多くの細部装飾へ費やすことに抵抗できなかった。それは食堂車の全ての卓上の作業灯，車両の底に塗られたわずかな汚れ，などなどであった。彼らの商品は完ぺきな縮小模型となった。

　その後，彼らが喜んだのと同じくらい驚いたことに，売り上げが大きく増えていることに気づいた。それが分かると，彼らは一体何が起こっているのかを理解するために小売業者と話し始めた。彼らは，もはや父親が子供のために模型列車を買っているのではなく，父親が自分自身のために買っていて，その過程において子供よりも自分自身に対してかなり多くのお金を費やしていることを発見したのである。偶然ではあるが，ホーンビーはおもちゃ市場から退き，趣味の市場へと参入し，子供のためよりもむしろ収集家のために生産していたのだ。そして彼らはこう考えた。「悪い考えではない！それに焦点を当てよう！」その後まもなく，ホーンビーは株価が急上昇していた。

　だが，私たちは，ホーンビーの例のような話から何を学べるだろうか。彼らの賢い変わり身と創造的な戦略は，ただ運によるものだけだろうか。部分的にはそうだが，それは恐らく第一の教訓であろう。素晴らしい戦略で成功した多くの会社は，最初の段階で重要な掘り出し物の要素を経験している。しかしその出来事の後は，私たちはまるでそれが最初から全て計画されていたかのように説明するのだ。

　なぜだろうか。幸運をつかみ取ることを恥ずかしいと思う必要はない。立派な経営者は必ずしも戦略を思いつくわけではないが，チャンスがやって来て自分の会社のドアをノックしている時にそのチャンスの存在を認めることでは一流である。彼らはその後さらに，そのチャンスを利用するために必要な他の全ての戦略的要素，たとえばマーケティングや配達などの要素を慎重に追加していくのである。幸運の重要性を——否定するよりもむしろ——ただ認めて，確実にそれをありがたく利用しよう。

　昔，ある技師がいた。ジェフリー＝ウォードという名前で，ロンドン在住であった。ある日，地元の役人が彼に事務所を立ち退かねばならないと告げた。それが小売店の区域としてとっておかれた場所にあったからである。

　ジェフリーは古くていささか奇妙な外見の独創的な形のヒーター，それは壊れてしまったために彼が依頼人のために取り外していたものだったのだが，そのヒーターを事務所の窓の所に置くことに決めた。商店のように見せかけるためであった。その後数日および数週間，人々は絶えず彼の事務所のドアをノックし，そのおかしな形のヒーターを売ってくれないかと尋ねてきた。まもなく，ジェフリーはそのような『デザイナー・ヒーター』を売ることができれば，大儲けできるだろうと悟った。それで彼は職業を変える決心をした。このようにして，ビスクという会社，デザイナー・ヒーターを生産，配達する会社が設立されたのである。

　運がよかった，とあなたは言うだろうか。もちろんそうだが，すでに述べたように，運が自分の顔を覗きこんでいる時でさえ，多くの人はその運を利用できないのだ。だが，ジェフリーは利用した。

　インテルの前 CEO のアンディー＝グローブは，これを『戦略認知能力』と呼んだ。『自分に幸運が訪れる時を知る』と言ったかもしれない。インテル，もちろんそれはマイクロプロセッサを生産することでこれまでで最も成功した会社の１つになったのだが，インテルも幸運をつかんだのだ。1980 年代初め，彼らはマイクロプロセッサを制作していたのだが，その時はそれを何に使うことができるのかの糸口がつかめていなかった。彼らは可能性のある応用のリストさえも作った。そのリストには，まさにあらゆるものが含まれていたのだが，含まれていないものがコンピューターであった。IBM が彼らのドアをノックし続けるようになって初めて，彼らはこう言った。「分かりました，では，我々の製品をあなた方が PC と呼んでいるこの機械に搭載しても構いませんよ」

　それでも，これは全て運のせいだったのだろうか。もちろんそうではなかった。アンディー＝グローブと共同経営者たちは，チャンスがやって来てドアをノックしている時に，そのチャンスを認識できた。だが，それだけではない。

　「幸運の女神は準備している者にしか微笑まない」とルイ＝パスツール

は言った。彼は何度か幸運をつかみ，重要だが運のよい発見をした。しかし，これらの発見をしたのがパスツールであったのは，単なる偶然ではなかった。彼は自分の前に現れたチャンスを認識したのだが，彼には技能や知識も，そしてそれらを役立つものに変える能力もあったのだ。それには長年にわたる注意深い実践と訓練が必要だった。

　さらに彼は，幸運な出来事が自分の科学の膝の上に落ちてくるのを，台所に腰を下ろして待っていた訳ではなかった。彼は数多くの物を熱心に実験していた。それらの大半はうまくいかなかったが，残りはそうではなかった。

　それこそがインテルが行ったことである。余分な実験を数多く実施したのだ。それらの大部分は失敗し，お金の無駄遣いに終わった。しかし，あなたの会社では，ある晴れた日に，あなたの実験の1つがあなた自身の『マイクロプロセッサ』という結果になるかもしれない。もしそうなれば，あなたは失敗した全ての実験を後悔することはないだろう。

■■■■■■■■■ ◀解　説▶ ■■■■■■■■■

21）nearly は「もう少しで～するところ」，bankrupt は「破産した」という意味なので，下線部は「倒産寸前だった」となり，1．almost failed「倒産も同然だった」が最も近い。2．almost opened「ほぼ開いていた」3．almost succeeded「もう少しで成功だった」

22）vendor は「売り手，売り主」という意味なので，3．sellers「売り手」が最も近い。1．bankers「銀行家」2．painters「画家」

23）inadvertently は「無意識に，知らず知らず」という意味であるが，この語を知らなくても，本文から売り上げの上昇は偶然の産物であったことが分かる。よって2．Quite by chance「全く偶然に」が最も適切である。1．Quite by air「完全に飛行機で」，3．Quite by turns「全く順番に」は，いずれも quite をつける必要がなく，消去法でも正解できる。

24）serendipity は「掘り出し物，運良く見つけたもの」という意味だが，この語も頻出語ではないので，文脈から推測していくことになる。同段第2文（Isn't their smart …）に「ただ運によるものだけだろうか」と述べられていることから，この語は「運」に関わる意味を持っていると考えられる。よって3．lucky encounter「幸運な出会い」が最も適切である。1．close encounter「接近遭遇」2．long encounter「長い試合」

25) thankfully は「ありがたく，感謝して」という意味なので，2．gratefully「感謝して，喜んで」が最も近い。どちらも頻出なので覚えておくべき語である。1．awfully「ものすごく」 3．peacefully「安らかに，平穏に」

26) vacate は「（建物・部屋・座席など）をあける，立ち退く」という意味で，直後の because 以下の「それが小売店の区域としてとっておかれた場所にあったから」という内容からも類推可能である。最も近いのは 2．leave「～（場所）を去る」である。1．find「～を見つける」 3．promote「～を促進する」

27) be down to ～ で「～が原因である，～のせいである」という意味になるので，1．(be) due (to ～)「～が原因である」が最も近い。これについても，空所直後の 2 文の内容から推測可能である。2．(be) inferior (to ～)「～よりも劣っている」 3．(be) similar (to ～)「～に似ている」

28) 辞書によると，bogus の意味は「にせの，いんちきの」となっているが，本文では，次の段で「それこそがインテルが行ったこと」と前置きした上で，第 2 文（Most of them failed …）で「それらの大半は失敗した」と再度説明されているので，be bogus は fail と同義であると考えられる。よって 3．unsuccessful「失敗した」が最も適切である。1．unfaithful「あてにならない」 2．unharmful「無害の」

29) margin は「余白，余地，周辺部，重要でない部分」などの意味なので，experiments in the margin は「余分な（＝あまり重要でない）実験」のことであると考えられる。よって 3．extra experiments「余分の実験」が最も適切である。1．exciting experiments「わくわくする実験」 2．expensive experiments「お金のかかる実験」

30) shed a tear は「涙を流す」という意味だが，ここでは about ～ が続いて「～を後悔する」と比喩的に用いられていると考えられる。よって 1．regret「～を後悔する」が最も適切である。2．respect「～を尊重する」 3．return「～を返す」

5 解答 問 1．31）—6 32）—4 33）—2
問 2．34）—1 35）—※ 36）—3 37）—2

問 3. ※

問 4.〈解答例〉テレワークを希望する人の割合は，2015 年当時と比較して増加していると考えられる。最大の理由は，新型コロナウイルス感染防止のためにテレワークが奨励されたことである。多くの人がテレワークを経験し，その利点に気づいたことで，新しいライフスタイルの一環としてテレワークが重要視されるようになったのである。（150 字以内）

※ 35）は，「解答する上で問題・設問の条件が不足していることが判明したため，全員正解とする」，また，問 3 は，「正解がないことが判明したため，全員正解とする」とそれぞれ大学から発表があった。

◆━━◆全　訳◆━━◆

≪テレワークに対する意識調査≫

　テレワークがまだうまくいっていない理由の 1 つは，実用的な労働スタイルとしてのテレワークについての認識の欠如だと信じられている。この前提を検証するために，私たちは労働者内のテレワークの認識レベルを調査した。

　調査対象となった労働者の半分以上が，「テレワーク」という語を知らないと答えた。「テレワーク」という語を知っている，あるいは聞いたことがあると答えたのは，回答者の 45 パーセントほどしかいなかった。これらの結果は，テレワークの認識レベルが特段高いという訳ではないことを示している。このことから結論づけられるのは，テレワークの採用を推進する第一段階は，認識度を上げるということである。

　私たちはテレワークに対する労働者の心構えも調査した。私たちは，調査前は「テレワーク」という語を知らなかった回答者たちに対して，テレワークの概念を説明してからこの質問をした。図 1 に示しているように，「すでにテレワークしている」「テレワークしたい」「テレワークを試してみたい」と答えた回答者は，合計で回答者全体の半数以上になった。この結果が示しているのは，多くの人がテレワークに対して少なくとも潜在的な要求は持っているということである。「テレワーク」という語を知らないと答えた回答者の中でさえ，40 パーセント以上が「テレワークしたい」「テレワークを試してみたい」と答えた。このことは，一般大衆がテレワークを新しい実用的な労働スタイルとしてもっと認識すれば，おそらくもっと多くの人がテレワークをしたがるだろうということを示唆している。

　私たちは，「テレワークしたい」「テレワークを試してみたい」と答えた
回答者に，なぜテレワークしたいのか，あるいはテレワークを試してみた
いのか，その理由を尋ねた。一位の回答は「より適した環境で働くため」
で，二位が「通勤に費やされる時間を短縮するため」，続いて「家事をや
りくりしたり分担したりするのをより容易にするため」であった。

　次に私たちは，テレワークを望んでいる理由を性別ごとに吟味した。男
性の上位 2 つの回答は，年齢に関係なく，「より適した環境で働くため」
と「通勤に費やされる時間を短縮するため」であった（図 2 参照）。とこ
ろが，特に 30 代または 40 代では，「育児と仕事を両立させるため」と答
えた人もいた。このことは，テレワークが普及するにつれて，育児に参加
する男性が増えていくかもしれないという可能性を表している。

　男性と同様に，ほとんどの世代で女性の第一位の理由は「より適した環
境で働くため」であったが，30 代の女性については，第一位の理由は
「育児と仕事を両立させるため」であった（図 3 参照）。30 代の多くの女
性が，子供が生まれた，あるいは育児が必要になったために退職するか職
探しをあきらめるかしているので，働きたい女性にはテレワークが前途有
望な手段だとみなされていることが分かる。また，50 代の女性の約 30 パ
ーセントが，「親の介護と仕事を両立させるため」という理由を答えた。

　私たちは，テレワークをしたくない人たちにその理由を尋ねた。「実際
あまり必要だと感じていない」を 40 パーセント以上の回答者が選んだの
だが，20 パーセントを少し上回る回答者が「コンピューターなどの機器
を扱えるだけの技術がない」と答えた（図 4 参照）。この結果は，テレワ
ークの様々な利点が完全に認められていないのかもしれない可能性を示唆
している。また，ICT を操作する技術に自信がないことが，テレワーク
の普及を妨げている要因の 1 つであることをも示している。

◀解　説▶

問 1．31）当該文の意味は，「男性の上位 2 つの回答は，年齢に関係なく，
『より適した環境で働くため』と『…』であった」となる。図 2 を見ると，
To shorten the time spent going to work「通勤に費やされる時間を短
縮するため」が全世代で 2 番目に多い回答であることが分かる。よって 6
が入る。

32）当該文の意味は，「また，50 代の女性の約 30 パーセントが，『…』と

いう理由を答えた」となる。図 3 で 50 代が 30 パーセント程度の回答率になっている項目を見ると，To handle both caring for parents and a career「親の介護と仕事を両立させるため」がそれに該当することが分かる。よって 4 が入る。

33) 当該文の but 以降の意味は，「しかし，20 パーセントを少し上回る回答者が『…』と答えた」となる。図 4 を見ると，I do not have enough skills for handling equipment such as computers「コンピューターなどの機器を扱えるだけの技術がない」が 22.2 パーセントで条件に合致していることが分かる。よって 2 が入る。

問 2．34)「…，『テレワーク』という語を知らない人たちで，既にテレワークをしている人は誰もいなかった」

　テレワークをしている人なら，当然テレワークという語を知っているはずである。この逆，つまり「テレワークを知らない人なら，テレワークをしているはずがない」もまた正しいと言える。よって 1．Naturally「もちろん」が最も適切である。2．Oddly「奇妙なことに」　3．Surprisingly「驚いたことに」

35)「…と述べても差し支えない」

1．「30 代の男性は，他の年代のグループよりも，通勤に費やす時間を短縮するためにテレワークをしたいと思っている率が高い」

2．「50 代の女性は，他の年代のグループよりも，家事をやりくりして分担するためにテレワークをしたいと思っている率が高い」

3．「30 代の女性は，他の年代のグループよりも，育児と仕事を両立させるためにテレワークをしたいと思っている率が高い」

36)「回答者の…パーセントは，家では仕事に十分な注意を払うことができないので，テレワークをしたくないと思っていた」

　テレワークをしたくない理由なので図 4 を参照する。I cannot focus on work at home「家では仕事に集中できない」がほぼ同じ意味であると考えられるので，この理由の回答率 13.2 パーセントが該当する。よって 3 が正解。

37)「…はテレワークを妨げている要素には含まれないとして退けてもかまわない」

　図 4 より，3 つの選択肢のうちテレワークをしたくない理由の回答率が

最も低いものを選べばよい。

１．the cost of creating an environment for teleworking「テレワークの環境づくりにかかる費用」は，It takes money to provide and maintain equipment and networks「設備とネットワークの創設と維持にお金がかかる」の 11.9 パーセントが該当する。

２．the human relations in the workplace「職場での人間関係」は，I am not sure whether I can fully communicate with my colleagues and supervisors「同僚や監督者と十分に意思疎通できるかどうか自信がない」の 10.7 パーセントが該当する。

３．the low ICT skills「ICT 技術の低さ」は，I do not have enough skills for handling equipment such as computers「コンピューターなどの機器を扱えるだけの技術がない」の 22.2 パーセントが該当する。

　以上より，最も率の低い２を選ぶ。

問３．「全回答者のうち，会社内外の人との意思疎通に関連する不安のためにテレワークをしたくないという人は，…パーセントであった」

問４．この時期にこのテキストが出題されているのは，新型コロナウイルスのパンデミックと無関係とは考えにくい。この１年間でテレワークという勤務形態が世間に大きく広がったことを踏まえた上で，150 字以内で簡潔にまとめるようにする。

❖講　評

　2021 年度は，大問数が５題に減少しており，会話文問題が出題されていないのが大きな変更点である。その他，英文の分量や設問の内容などについては，これまでの傾向を踏襲しているようである。

　１は，問題解決には他分野からの類推が役に立つという教訓をテーマとする，約 1,100 語の長文読解問題である。空所補充問題や語句整序問題，内容説明問題，英文和訳問題などが出題されており，文法・語彙を含めた全体的な英語力をみる構成となっている。

　２は英作文問題である。語彙のレベルとしては標準だが，名詞の修飾の仕方に工夫が求められる内容になっている。

　３は，才能は努力を必要とするのか否かについての長文による読解問題である。この英文も約 1,070 語あり，設問は英問英答形式による内容

説明問題である。ほぼ本文の流れに沿った出題なので，解答に関わる場所を素早く見つけることが重要である。

4は，ビジネスにおける運の活用をテーマにした 850 語程度の長文読解問題。設問は，文中の語句の意味を正しく言い換えている表現を選択する問題のみで構成されている。全体としては標準レベルで，未知の語句に下線が施されていても内容から類推可能である。

5は，テレワークについての意識調査をまとめた 550 語程度の英文による読解問題である。本文及び内容説明文の空所を埋める問題と日本語による内容説明の出題となっている。表・グラフの読み取りが中心である。

長文読解問題の英文の分量や設問数を勘案すると，全体のレベルはかなり難度が高いと言える。ふだんから速読力を養う学習が求められる。

//////////////// · **memo** · ////////////////

//////////////// · **memo** · ////////////////

//////////////// · **memo** · ////////////////

/////////////// · **memo** · ///////////////

//////////////// · **memo** · ////////////////

教学社 刊行一覧

2025年版　大学赤本シリーズ

国公立大学（都道府県順）

374大学556点 全都道府県を網羅

全国の書店で取り扱っています。店頭にない場合は，お取り寄せができます。

1　北海道大学(文系−前期日程)
2　北海道大学(理系−前期日程)　医
3　北海道大学(後期日程)
4　旭川医科大学(医学部〈医学科〉)　医
5　小樽商科大学
6　帯広畜産大学
7　北海道教育大学
8　室蘭工業大学／北見工業大学
9　釧路公立大学
10　公立千歳科学技術大学
11　公立はこだて未来大学　総推
12　札幌医科大学(医学部)　医
13　弘前大学　医
14　岩手大学
15　岩手県立大学・盛岡短期大学部・宮古短期大学部
16　東北大学(文系−前期日程)
17　東北大学(理系−前期日程)　医
18　東北大学(後期日程)
19　宮城教育大学
20　宮城大学
21　秋田大学　医
22　秋田県立大学
23　国際教養大学　総推
24　山形大学　医
25　福島大学
26　会津大学
27　福島県立医科大学(医・保健科学部)　医
28　茨城大学(文系)
29　茨城大学(理系)
30　筑波大学(推薦入試)　医　総推
31　筑波大学(文系−前期日程)
32　筑波大学(理系−前期日程)　医
33　筑波大学(後期日程)
34　宇都宮大学
35　群馬大学　医
36　群馬県立女子大学
37　高崎経済大学
38　前橋工科大学
39　埼玉大学(文系)
40　埼玉大学(理系)
41　千葉大学(文系−前期日程)
42　千葉大学(理系−前期日程)　医
43　千葉大学(後期日程)　医
44　東京大学(文科)　DL
45　東京大学(理科)　DL　医
46　お茶の水女子大学
47　電気通信大学
48　東京外国語大学　DL
49　東京海洋大学
50　東京科学大学(旧 東京工業大学)
51　東京科学大学(旧 東京医科歯科大学)　医
52　東京学芸大学
53　東京藝術大学
54　東京農工大学
55　一橋大学(前期日程)
56　一橋大学(後期日程)
57　東京都立大学(文系)
58　東京都立大学(理系)
59　横浜国立大学(文系)
60　横浜国立大学(理系)
61　横浜市立大学(国際教養・国際商・理・データサイエンス・医〈看護〉学部)

62　横浜市立大学(医学部〈医学科〉)　医
63　新潟大学(人文〈文系〉・法・経済科・医〈看護〉・創生学部)
64　新潟大学(教育〈理系〉・理・医〈看護を除く〉・歯・工・農学部)　医
65　新潟県立大学
66　富山大学(文系)
67　富山大学(理系)　医
68　富山県立大学
69　金沢大学(文系)
70　金沢大学(理系)　医
71　福井大学(教育・医〈看護〉・工・国際地域学部)
72　福井大学(医学部〈医学科〉)　医
73　福井県立大学
74　山梨大学(教育・医〈看護〉・工・生命環境学部)
75　山梨大学(医学部〈医学科〉)　医
76　都留文科大学
77　信州大学(文系−前期日程)
78　信州大学(理系−前期日程)　医
79　信州大学(後期日程)
80　公立諏訪東京理科大学　総推
81　岐阜大学(前期日程)　医
82　岐阜大学(後期日程)
83　岐阜薬科大学
84　静岡大学(前期日程)
85　静岡大学(後期日程)
86　浜松医科大学(医学部〈医学科〉)　医
87　静岡県立大学
88　静岡文化芸術大学
89　名古屋大学(文系)
90　名古屋大学(理系)　医
91　愛知教育大学
92　名古屋工業大学
93　愛知県立大学
94　名古屋市立大学(経済・人文社会・芸術工・看護・総合生命理・データサイエンス学部)
95　名古屋市立大学(医学部〈医学科〉)　医
96　名古屋市立大学(薬学部)
97　三重大学(人文・教育・医〈看護〉学部)
98　三重大学(医〈医〉・工・生物資源学部)　医
99　滋賀大学
100　滋賀医科大学(医学部〈医学科〉)　医
101　滋賀県立大学
102　京都大学(文系)
103　京都大学(理系)　医
104　京都教育大学
105　京都工芸繊維大学
106　京都府立大学
107　京都府立医科大学(医学部〈医学科〉)　医
108　大阪大学(文系)　DL
109　大阪大学(理系)　医
110　大阪教育大学
111　大阪公立大学(現代システム科学域〈文系〉・文・法・経済・商・看護・生活科〈居住環境・人間福祉〉学部−前期日程)
112　大阪公立大学(現代システム科学域〈理系〉・理・工・農・獣医・医・生活科〈食栄養〉学部−前期日程)　医
113　大阪公立大学(中期日程)
114　大阪公立大学(後期日程)
115　神戸大学(文系−前期日程)
116　神戸大学(理系−前期日程)　医

117　神戸大学(後期日程)　医
118　神戸市外国語大学　DL
119　兵庫県立大学(国際商経・社会情報科・看護学部)
120　兵庫県立大学(工・理・環境人間学部)
121　奈良教育大学／奈良県立大学
122　奈良女子大学
123　奈良県立医科大学(医学部〈医学科〉)　医
124　和歌山大学
125　和歌山県立医科大学(医・薬学部)　医
126　鳥取大学　医
127　公立鳥取環境大学
128　島根大学　医
129　岡山大学(文系)
130　岡山大学(理系)　医
131　岡山県立大学
132　広島大学(文系−前期日程)
133　広島大学(理系−前期日程)　医
134　広島大学(後期日程)
135　尾道市立大学　総推
136　県立広島大学
137　広島市立大学
138　福山市立大学　総推
139　山口大学(人文・教育〈文系〉・経済・医〈看護〉・国際総合科学部)
140　山口大学(教育〈理系〉・理・医〈看護を除く〉・工・農・共同獣医学部)　医
141　山陽小野田市立山口東京理科大学　公推
142　下関市立大学／山口県立大学
143　周南公立大学　新　総推
144　徳島大学　医
145　香川大学　医
146　愛媛大学　医
147　高知大学　医
148　高知工科大学
149　九州大学(文系−前期日程)
150　九州大学(理系−前期日程)　医
151　九州大学(後期日程)
152　九州工業大学
153　福岡教育大学
154　北九州市立大学
155　九州歯科大学
156　福岡県立大学／福岡女子大学
157　佐賀大学　医
158　長崎大学(多文化社会・教育〈文系〉・経済・医〈保健〉・環境科〈文系〉学部)
159　長崎大学(教育〈理系〉・医〈医・歯・薬・情報データ科〉・工・環境科〈理系〉・水産学部)　医
160　長崎県立大学　総推
161　熊本大学(文・教育・法・医〈看護〉学部・情報融合学環〈文系型〉)
162　熊本大学(理・医〈看護を除く〉・薬・工学部・情報融合学環〈理系型〉)　医
163　熊本県立大学
164　大分大学(教育・経済・医〈看護〉・理工・福祉健康科学部)
165　大分大学(医学部〈医・先進医療科学科〉)　医
166　宮崎大学(教育・医〈看護〉・工・農・地域資源創成学部)
167　宮崎大学(医学部〈医学科〉)　医
168　鹿児島大学(文系)
169　鹿児島大学(理系)　医
170　琉球大学　医

2025年版　大学赤本シリーズ

国公立大学 その他

171 〔国公立大〕医学部医学科 総合型選抜・学校推薦型選抜※　医推
172 看護・医療系大学〈国公立 東日本〉※
173 看護・医療系大学〈国公立 中日本〉※
174 看護・医療系大学〈国公立 西日本〉※
175 海上保安大学校／気象大学校
176 航空保安大学校
177 国立看護大学校
178 防衛大学校　総推
179 防衛医科大学校(医学科)　医
180 防衛医科大学校(看護学科)

※No.171〜174の収載大学は赤本ウェブサイト(http://akahon.net/)でご確認ください。

私立大学①

北海道の大学(50音順)
201 札幌大学
202 札幌学院大学
203 北星学園大学
204 北海学園大学
205 北海道医療大学
206 北海道科学大学
207 北海道武蔵女子大学・短期大学
208 酪農学園大学(獣医学群〈獣医学類〉)

東北の大学(50音順)
209 岩手医科大学(医・歯・薬学部)　医
210 仙台大学　総推
211 東北医科薬科大学(医・薬学部)　医
212 東北学院大学
213 東北工業大学
214 東北福祉大学
215 宮城学院女子大学　総推

関東の大学(50音順)
あ行(関東の大学)
216 青山学院大学(法・国際政治経済学部—個別学部日程)
217 青山学院大学(経済学部—個別学部日程)
218 青山学院大学(経営学部—個別学部日程)
219 青山学院大学(文・教育人間科学部—個別学部日程)
220 青山学院大学(総合文化政策・社会情報・地球社会共生・コミュニティ人間科学部—個別学部日程)
221 青山学院大学(理工学部—個別学部日程)
222 青山学院大学(全学部日程)
223 麻布大学(獣医、生命・環境科学部)
224 亜細亜大学
226 桜美林大学
227 大妻女子大学・短期大学部

か行(関東の大学)
228 学習院大学(法学部—コア試験)
229 学習院大学(経済学部—コア試験)
230 学習院大学(文学部—コア試験)
231 学習院大学(国際社会科学部—コア試験)
232 学習院大学(理学部—コア試験)
233 学習院女子大学
234 神奈川大学(給費生試験)
235 神奈川大学(一般入試)
236 神奈川工科大学
237 鎌倉女子大学・短期大学部
238 川村学園女子大学
239 神田外語大学
240 関東学院大学
241 北里大学(理学部)
242 北里大学(医学部)　医
243 北里大学(薬学部)
244 北里大学(看護・医療衛生学部)
245 北里大学(未来工・獣医・海洋生命科学部)
246 共立女子大学・短期大学部
247 杏林大学(医学部)　医
248 杏林大学(保健学部)
249 群馬医療福祉大学・短期大学部
250 群馬パース大学　総推

251 慶應義塾大学(法学部)
252 慶應義塾大学(経済学部)
253 慶應義塾大学(商学部)
254 慶應義塾大学(文学部)　総推
255 慶應義塾大学(総合政策学部)
256 慶應義塾大学(環境情報学部)
257 慶應義塾大学(理工学部)
258 慶應義塾大学(医学部)　医
259 慶應義塾大学(薬学部)
260 慶應義塾大学(看護医療学部)
261 工学院大学
262 國學院大學
263 国際医療福祉大学
264 国際基督教大学
265 国士舘大学
266 駒澤大学(一般選抜T方式・S方式)
267 駒澤大学(全学部統一日程選抜)

さ行(関東の大学)
268 埼玉医科大学(医学部)　医
269 相模女子大学・短期大学部
270 産業能率大学
271 自治医科大学(医学部)　医
272 自治医科大学(看護学部)／東京慈恵会医科大学(医学部〈看護学科〉)
273 実践女子大学　総推
274 芝浦工業大学(前期日程)
275 芝浦工業大学(全学統一日程・後期日程)
276 十文字学園女子大学
277 淑徳大学
278 順天堂大学(医学部)　医
279 順天堂大学(スポーツ健康科・医療看護・保健看護・国際教養・保健医療・医療科・健康データサイエンス・薬学部)　総推
280 上智大学(神・文・総合人間科学部)
281 上智大学(法・経済学部)
282 上智大学(外国語・総合グローバル学部)
283 上智大学(理工学部)
284 上智大学(TEAPスコア利用方式)
285 湘南工科大学
286 昭和大学(医学部)　医
287 昭和大学(歯・薬・保健医療学部)
288 昭和女子大学
289 昭和薬科大学
290 女子栄養大学・短期大学部
291 白百合女子大学
292 成蹊大学(法学部—A方式)
293 成蹊大学(経済・経営学部—A方式)
294 成蹊大学(文学部—A方式)
295 成蹊大学(理工学部—A方式)
296 成蹊大学(E方式・G方式・P方式)
297 成城大学(経済・社会イノベーション学部—A方式)
298 成城大学(文芸・法学部—A方式)
299 成城大学(S方式〈全学部統一選抜〉)
300 聖心女子大学
301 清泉女子大学
303 聖マリアンナ医科大学　医

304 聖路加国際大学(看護学部)
305 専修大学(スカラシップ・全国入試)
306 専修大学(前期入試〈学部個別入試〉)
307 専修大学(前期入試〈全学部入試・スカラシップ入試〉)

た行(関東の大学)
308 大正大学
309 大東文化大学
310 高崎健康福祉大学
311 拓殖大学
312 玉川大学
313 多摩美術大学
314 千葉工業大学
315 中央大学(法学部—学部別選抜)
316 中央大学(経済学部—学部別選抜)
317 中央大学(商学部—学部別選抜)
318 中央大学(文学部—学部別選抜)
319 中央大学(総合政策学部—学部別選抜)
320 中央大学(国際経営・国際情報学部—学部別選抜)
321 中央大学(理工学部—学部別選抜)
322 中央大学(5学部共通選抜)
323 中央学院大学
324 津田塾大学
325 帝京大学(薬・経済・法・文・外国語・教育・理工・医療技術・福岡医療技術学部)
326 帝京大学(医学部)　医
327 帝京科学大学　総推
328 帝京平成大学　総推
329 東海大学(医〈医〉学部を除く—一般選抜)
330 東海大学(文系・理系学部統一選抜)
331 東海大学(医学部〈医学科〉)　医
332 東京医科大学(医学部〈医学科〉)　医
333 東京家政大学・短期大学部　総推
334 東京経済大学
335 東京工科大学
336 東京工芸大学
337 東京国際大学
338 東京歯科大学
339 東京慈恵会医科大学(医学部〈医学科〉)　医
340 東京情報大学
341 東京女子大学
342 東京女子医科大学(医学部)　医
343 東京電機大学
344 東京都市大学
345 東京農業大学
346 東京薬科大学(薬学部)　総推
347 東京薬科大学(生命科学部)　総推
348 東京理科大学(理学部第一部—B方式・S方式)
349 東京理科大学(創域理工学部—B方式・S方式)
350 東京理科大学(工学部—B方式)
351 東京理科大学(先進工学部—B方式)
352 東京理科大学(薬学部—B方式)
353 東京理科大学(経営学部—B方式)
354 東京理科大学(C方式、グローバル方式、理学部第二部—B方式)
355 東邦大学(医学部)　医
356 東邦大学(薬学部)

357 東邦大学(理・看護・健康科学部)
358 東邦大学(文・経済・経営・法・社会・国際・国際観光学部)
359 東洋大学(情報連携・福祉社会デザイン・健康スポーツ科・理工・総合情報・生命科・食環境科学部)
360 東洋大学(英語〈3日程×3カ年〉)
361 東洋大学(国語〈3日程×3カ年〉)
362 東洋大学(日本史・世界史〈2日程×3カ年〉)
363 東洋英和女学院大学
364 常磐大学・短期大学　総推
365 獨協大学
366 獨協医科大学(医学部)　医

な行 (関東の大学)
367 二松学舎大学
368 日本大学(法学部)
369 日本大学(経済学部)
370 日本大学(商学部)
371 日本大学(文理学部〈文系〉)
372 日本大学(文理学部〈理系〉)
373 日本大学(芸術学部〈専門試験併用型〉)
374 日本大学(国際関係学部)
375 日本大学(危機管理・スポーツ科学部)
376 日本大学(理工学部)
377 日本大学(生産工・工学部)
378 日本大学(生物資源科学部)
379 日本大学(医学部)　医
380 日本大学(歯・松戸歯学部)
381 日本大学(薬学部)
382 日本大学(N全学統一方式−医・芸術〈専門試験併用型〉学部を除く)
383 日本医科大学　医
384 日本工業大学
385 日本歯科大学
386 日本社会事業大学　総推
387 日本獣医生命科学大学
388 日本女子大学
389 日本体育大学

は行 (関東の大学)
390 白鷗大学(学業特待選抜・一般選抜)
391 フェリス女学院大学
392 文教大学
393 法政大学(法〈I日程〉・文〈II日程〉・経営〈II日程〉学部−A方式)
394 法政大学(法〈II日程〉・国際文化・キャリアデザイン学部−A方式)
395 法政大学(文〈I日程〉・経営〈I日程〉・人間環境・グローバル教養学部−A方式)
396 法政大学(経済〈I日程〉・社会〈I日程〉・現代福祉学部−A方式)
397 法政大学(経済〈II日程〉・社会〈II日程〉・スポーツ健康学部−A方式)
398 法政大学(情報科・デザイン工・理工・生命科学部−A方式)
399 法政大学(T日程〈統一日程〉・英語外部試験利用入試)
400 星薬科大学　総推

ま行 (関東の大学)
401 武蔵大学
402 武蔵野大学
403 武蔵野美術大学
404 明海大学
405 明治大学(法学部−学部別入試)
406 明治大学(政治経済学部−学部別入試)
407 明治大学(商学部−学部別入試)
408 明治大学(経営学部−学部別入試)
409 明治大学(文学部−学部別入試)
410 明治大学(国際日本学部−学部別入試)
411 明治大学(情報コミュニケーション学部−学部別入試)
412 明治大学(理工学部−学部別入試)
413 明治大学(総合数理学部−学部別入試)
414 明治大学(農学部−学部別入試)
415 明治大学(全学部統一入試)
416 明治学院大学(A日程)
417 明治学院大学(全学部日程)
418 明治薬科大学　総推
419 明星大学
420 目白大学・短期大学部

ら・わ行 (関東の大学)
421 立教大学(文系学部−一般入試〈大学独自の英語を課さない日程〉)
422 立教大学(国語〈3日程×3カ年〉)
423 立教大学(日本史・世界史〈2日程×3カ年〉)
424 立教大学(文学部−一般入試〈大学独自の英語を課す日程〉)
425 立教大学(理学部−一般入試)
426 立正大学
427 早稲田大学(法学部)
428 早稲田大学(政治経済学部)
429 早稲田大学(商学部)
430 早稲田大学(社会科学部)
431 早稲田大学(文学部)
432 早稲田大学(文化構想学部)
433 早稲田大学(教育学部〈文科系〉)
434 早稲田大学(教育学部〈理科系〉)
435 早稲田大学(人間科・スポーツ科学部)
436 早稲田大学(国際教養学部)
437 早稲田大学(基幹理工・創造理工・先進理工学部)
438 和洋女子大学　総推

中部の大学 (50音順)
439 愛知大学
440 愛知医科大学(医学部)　医
441 愛知学院大学・短期大学部
442 愛知工業大学　総推
443 愛知淑徳大学
444 朝日大学
445 金沢医科大学(医学部)　医
446 金沢工業大学
447 岐阜聖徳学園大学　総推
448 金城学院大学
449 至学館大学　総推
450 静岡理工科大学
451 椙山女学園大学
452 大同大学
453 中京大学
454 中部大学
455 名古屋外国語大学　総推
456 名古屋学院大学　総推
457 名古屋学芸大学　総推
458 名古屋女子大学　総推
459 南山大学(外国語〈英米〉・法・総合政策・国際教養学部)
460 南山大学(人文・外国語〈英米を除く〉・経済・経営・理工学部)
461 新潟国際情報大学
462 日本福祉大学
463 福井工業大学
464 藤田医科大学(医学部)　医
465 藤田医科大学(医療科・保健衛生学部)
466 名城大学(法・経営・経済・外国語・人間・都市情報学部)
467 名城大学(情報工・理工・農・薬学部)
468 山梨学院大学

近畿の大学 (50音順)
469 追手門学院大学　総推
470 大阪医科薬科大学(医学部)　医
471 大阪医科薬科大学(薬学部)　総推
472 大阪学院大学　総推
473 大阪経済大学　総推
474 大阪経済法科大学　総推
475 大阪工業大学　総推
476 大阪国際大学・短期大学部　総推
477 大阪産業大学　総推
478 大阪歯科大学(歯学部)
479 大阪商業大学　総推
480 大阪成蹊大学・短期大学　総推
481 大谷大学　総推
482 大手前大学・短期大学　総推
483 関西大学(文系)
484 関西大学(理系)
485 関西大学(英語〈3日程×3カ年〉)
486 関西大学(国語〈3日程×3カ年〉)
487 関西大学(日本史・世界史・文系数学〈3日程×3カ年〉)
488 関西医科大学(医学部)　医
489 関西医療大学　総推
490 関西外国語大学・短期大学部　総推
491 関西学院大学(文・法・商・人間福祉・総合政策学部−学部個別日程)
492 関西学院大学(神・社会・経済・国際・教育学部−学部個別日程)
493 関西学院大学(全学部日程〈文系型〉)
494 関西学院大学(全学部日程〈理系型〉)
495 関西学院大学(共通テスト併用日程〈数学〉・英数日程)
496 関西学院大学(英語〈3日程×3カ年〉)　新
497 関西学院大学(国語〈3日程×3カ年〉)　新
498 関西学院大学(日本史・世界史・文系数学〈3日程×3カ年〉)　新
499 畿央大学　総推
500 京都外国語大学・短期大学　総推
501 京都産業大学(公募推薦入試)　総推
502 京都産業大学(一般選抜入試〈前期日程〉)
503 京都先端科学大学
504 京都橘大学　総推
505 京都ノートルダム女子大学　総推
506 京都薬科大学　総推
507 近畿大学・短期大学部(医学部を除く−推薦入試)　総推
508 近畿大学・短期大学部(医学部を除く−一般入試前期)
509 近畿大学(英語〈医学部を除く3日程×3カ年〉)
510 近畿大学(理系数学〈医学部を除く3日程×3カ年〉)
511 近畿大学(国語〈医学部を除く3日程×3カ年〉)
512 近畿大学(医学部−推薦入試・一般入試前期)　医　総推
513 近畿大学・短期大学部(一般入試後期)　医
514 皇學館大学　総推
515 甲南大学　総推
516 甲南女子大学(学校推薦型選抜)　新　総推
517 神戸学院大学　総推
518 神戸国際大学　総推
519 神戸女学院大学　総推
520 神戸女子大学・短期大学　総推
521 神戸薬科大学　総推
522 四天王寺大学・短期大学部　総推
523 摂南大学(公募制推薦入試)　総推
524 摂南大学(一般選抜前期日程)
525 帝塚山学院大学　総推
526 同志社大学(法、グローバル・コミュニケーション学部−学部個別日程)

2025年版　大学赤本シリーズ
私立大学③

529 同志社大学(文・経済学部一学部個別日程)
530 同志社大学(神・商・心理・グローバル地域文化学部一学部個別日程)
531 同志社大学(社会学部一学部個別日程)
532 同志社大学(政策・文化情報〈文系型〉・スポーツ健康科〈文系型〉学部一学部個別日程)
533 同志社大学(理工・生命医科・文化情報〈理系型〉・スポーツ健康科〈理系型〉学部一学部個別日程)
534 同志社大学(全学部日程)
535 同志社女子大学 総推
536 奈良大学
537 奈良学園大学 総推
538 阪南大学
539 姫路獨協大学
540 兵庫医科大学(医学部) 医
541 兵庫医科大学(薬・看護・リハビリテーション学部) 総推
542 佛教大学
543 武庫川女子大学 総推
544 桃山学院大学
545 大和大学・大和大学白鳳短期大学部 総推
546 立命館大学(文系一全学統一方式・学部個別配点方式)／立命館アジア太平洋大学(前期方式・英語重視方式)

547 立命館大学(理系一全学統一方式・学部個別配点方式・理系型3教科方式・薬学方式)
548 立命館大学(英語〈全学統一方式3日程×3カ年〉)
549 立命館大学(国語〈全学統一方式3日程×3カ年〉)
550 立命館大学(文系選択科目〈全学統一方式2日程×3カ年〉)
551 立命館大学(IR方式〈英語資格試験利用型〉・共通テスト併用方式)／立命館アジア太平洋大学(共通テスト併用方式)
552 立命館大学(後期分割方式・「経営学部で学ぶ感性+共通テスト」方式)／立命館アジア太平洋大学(後期方式)
553 龍谷大学(公募推薦入試) 総推
554 龍谷大学(一般選抜入試)
中国の大学(50音順)
555 岡山商科大学 総推
556 岡山理科大学 総推
557 川崎医科大学 医
558 吉備国際大学 総推
559 就実大学 総推
560 広島経済大学
561 広島国際大学 総推
562 広島修道大学

563 広島文教大学 総推
564 福山大学／福山平成大学
565 安田女子大学 総推
四国の大学(50音順)
567 松山大学
九州の大学(50音順)
568 九州医療科学大学
569 九州産業大学
570 熊本学園大学
571 久留米大学(文・人間健康・法・経済・商学部) 総推
572 久留米大学(医学部〈医学科〉) 医
573 産業医科大学(医学部) 医
574 西南学院大学(商・経済・法・人間科学部－A日程)
575 西南学院大学(神・外国語・国際文化学部－A日程／全学部－F日程)
576 福岡大学(医学部医学科を除く－学校推薦型選抜・一般選抜系統別日程) 総推
577 福岡大学(医学部医学科を除く－一般選抜前期日程) 医
578 福岡大学(医学部〈医学科〉－学校推薦型選抜・一般選抜系統別日程) 医 総推
579 福岡工業大学
580 令和健康科学大学

医 医学部医学科を含む
総推 総合型選抜または学校推薦型選抜を含む
DL リスニング音声配信　新 2024年 新刊・復刊

掲載している入試の種類や試験科目、収載年数などはそれぞれ異なります。詳細については、それぞれの本の目次や赤本ウェブサイトでご確認ください。

akahon.net

赤本　[検索]

国公立大学

東大の英語25カ年[第12版] 改
東大の英語リスニング 20カ年[第9版] 改DL
東大の英語 要約問題 UNLIMITED
東大の文系数学25カ年[第12版] 改
東大の理系数学25カ年[第12版] 改
東大の現代文25カ年[第12版] 改
東大の古典25カ年[第12版] 改
東大の日本史25カ年[第9版] 改
東大の世界史25カ年[第9版] 改
東大の地理25カ年[第9版] 改
東大の物理25カ年[第9版] 改
東大の化学25カ年[第9版] 改
東大の生物25カ年[第9版] 改
東工大の英語20カ年[第8版] 改
東工大の数学20カ年[第9版] 改
東工大の物理20カ年[第5版] 改
東工大の化学20カ年[第5版] 改
一橋大の英語20カ年[第9版] 改
一橋大の数学20カ年[第9版] 改

一橋大の国語20カ年[第6版] 改
一橋大の日本史20カ年[第6版] 改
一橋大の世界史20カ年[第6版] 改
筑波大の英語15カ年 新
筑波大の数学15カ年 新
京大の英語25カ年[第12版] 改
京大の文系数学25カ年[第12版] 改
京大の理系数学25カ年[第12版] 改
京大の現代文25カ年[第2版] 改
京大の古典25カ年[第2版] 改
京大の日本史20カ年[第3版] 改
京大の世界史20カ年[第3版] 改
京大の物理25カ年[第9版] 改
京大の化学25カ年[第9版] 改
北大の英語15カ年[第8版] 改
北大の理系数学15カ年[第8版] 改
北大の物理15カ年[第2版] 改
北大の化学15カ年[第2版] 改
東北大の英語15カ年[第8版] 改
東北大の理系数学15カ年[第8版] 改

東北大の物理15カ年[第2版] 改
東北大の化学15カ年[第2版] 改
名古屋大の英語15カ年[第8版] 改
名古屋大の理系数学15カ年[第8版] 改
名古屋大の物理15カ年[第2版] 改
名古屋大の化学15カ年[第2版] 改
阪大の英語20カ年[第9版] 改
阪大の文系数学20カ年[第3版] 改
阪大の理系数学20カ年[第8版] 改
阪大の国語15カ年[第3版] 改
阪大の物理20カ年[第8版] 改
阪大の化学20カ年[第6版] 改
九大の英語15カ年[第8版] 改
九大の理系数学15カ年[第7版] 改
九大の物理15カ年[第2版] 改
九大の化学15カ年[第2版] 改
神戸大の英語15カ年[第9版] 改
神戸大の数学15カ年[第5版] 改
神戸大の国語15カ年[第3版] 改

私立大学

早稲田の英語[第11版] 改
早稲田の国語[第9版] 改
早稲田の日本史[第9版] 改
早稲田の世界史[第2版] 改
慶應の英語[第11版] 改
慶應の小論文[第3版] 改
明治大の英語[第9版] 改
明治大の国語[第2版] 改
明治大の日本史[第2版] 改
中央大の英語[第9版] 改
法政大の英語[第9版] 改
同志社大の英語[第10版] 改
立命館大の英語[第10版] 改
関西大の英語[第10版] 改
関西学院大の英語[第10版] 改

DL リスニング音声配信
新 2024年 新刊
改 2024年 改訂

いつも受験生のそばに──赤本

入試対策
赤本プラス

赤本プラスとは,**過去問演習の効果を最大にするためのシリーズ**です。「赤本」であぶり出された弱点を,赤本プラスで克服しましょう。

大学入試 すぐわかる英文法 DL
大学入試 ひと目でわかる英文読解
大学入試 絶対できる英語リスニング DL
大学入試 すぐ書ける自由英作文
大学入試 ぐんぐん読める
　英語長文(BASIC) DL
大学入試 ぐんぐん読める
　英語長文(STANDARD) DL
大学入試 ぐんぐん読める
　英語長文(ADVANCED) DL
大学入試 正しく書ける英作文
大学入試 最短でマスターする
　数学I・II・III・A・B・C
大学入試 突破力を鍛える最難関の数学
大学入試 知らなきゃ解けない
　古文常識・和歌
大学入試 ちゃんと身につく物理
大学入試 もっと身につく
　物理問題集(①力学・波動)
大学入試 もっと身につく
　物理問題集(②熱力学・電磁気・原子)

入試対策
英検® 赤本シリーズ

英検®(実用英語技能検定)の対策書。
過去問集と参考書で万全の対策ができます。

▶過去問集 (2024年度版)
英検®準1級過去問集 DL
英検®2級過去問集 DL
英検®準2級過去問集 DL
英検®3級過去問集 DL

▶参考書
竹岡の英検®準1級マスター DL
竹岡の英検®2級マスター CD DL
竹岡の英検®準2級マスター CD DL
竹岡の英検®3級マスター CD DL

─────────────
CD リスニングCDつき　DL 音声無料配信
新 2024年新刊・改訂

入試対策
赤本プレミアム

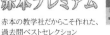

赤本の教学社だからこそ作れた,
過去問ベストセレクション

東大数学プレミアム
東大現代文プレミアム
京大数学プレミアム[改訂版]
京大古典プレミアム

入試対策
赤本メディカル シリーズ

過去問を徹底的に研究し,独自の出題傾向をもつメディカル系の入試に役立つ内容を精選した実戦的なシリーズ。

[国公立大]医学部の英語[3訂版]
私立医大の英語[長文読解編][3訂版]
私立医大の英語[文法・語法編][改訂版]
医学部の実戦小論文[3訂版]
医歯薬系の英単語[4訂版]
医系小論文 最頻出論点20[4訂版]
医学部の面接[4訂版]

入試対策
体系シリーズ

国公立大二次・難関私大突破へ,自学自習に適したハイレベル問題集。

体系英語長文　　体系世界史
体系英作文　　　体系物理[第7版]
体系現代文

入試対策
単行本

▶英語
Q&A即決英語勉強法
TEAP攻略問題集[新装版] DL 新
東大の英単語[新装版]
早慶上智の英単語[改訂版]

▶国語・小論文
著者に注目! 現代文問題集
ブレない小論文の書き方 樋口式ワークノート

▶レシピ集
奥薗壽子の赤本合格レシピ

入試対策 共通テスト対策
赤本手帳

赤本手帳(2025年度受験用) プラムレッド
赤本手帳(2025年度受験用) インディブルー
赤本手帳(2025年度受験用) ナチュラルホワイト

─────────────

入試対策
風呂で覚える シリーズ

水をはじく特殊な紙を使用。いつでもどこでも読めるから,ちょっとした時間を有効に使える!

風呂で覚える英単語[4訂新装版]
風呂で覚える英熟語[改訂新装版]
風呂で覚える古文単語[改訂新装版]
風呂で覚える古文文法[改訂新装版]
風呂で覚える漢文[改訂新装版]
風呂で覚える日本史[年代][改訂新装版]
風呂で覚える世界史[年代][改訂新装版]
風呂で覚える倫理[改訂版]
風呂で覚える百人一首[改訂版]

─────────────

共通テスト対策
満点のコツ シリーズ

共通テストで満点を狙うための実戦的参考書。重要度の高いリスニング対策は「カリスマ講師」竹岡広信が一回読みにも対応できるコツを伝授!

共通テスト英語[リスニング]
　満点のコツ[改訂版] DL 新
共通テスト古文 満点のコツ[改訂版] 新
共通テスト漢文 満点のコツ[改訂版] 新
共通テスト生物基礎
　満点のコツ[改訂版] 新

─────────────

入試対策 共通テスト対策
赤本ポケット シリーズ

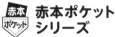

▶共通テスト対策
共通テスト日本史[文化史]

▶系統別進路ガイド
デザイン系学科をめざすあなたへ

2025 年版　大学赤本シリーズ　No. 218

青山学院大学
（経営学部 – 個別学部日程）

2024 年 7 月 25 日　第 1 刷発行
ISBN978-4-325-26275-6
定価は裏表紙に表示しています

編　集　教学社編集部
発行者　上原　寿明
発行所　教学社
　　　　〒606-0031
　　　　京都市左京区岩倉南桑原町56
　　　　電話　075-721-6500
　　　　振替　01020-1-15695
　　　　印　刷　中央精版印刷